A nova física. A biologia. A cosmologia.
A genética. As novas tecnologias.
O mundo quântico. A geologia e a geografia.
Textos rigorosos, mas acessíveis.
A divulgação científica de elevada qualidade.

1. Deus e a Nova Física – *Paul Davies*
2. Do Universo ao Homem – *Robert Clarke*
3. A Cebola Cósmica – *Frank Close*
4. A Aventura Prodigiosa do Nosso Cérebro – *Jean Pierre Gasc*
5. Compreender o Nosso Cérebro – *Jean-Michel Robert*
6. Outros Mundos – *Paul Davies*
7. O Tear Encantado – *Robert Jastrow*
8. O Sonho de Einstein – *Barry Parker*
9. O Relojoeiro Cego – *Richard Dawkins*
10. A Arquitectura do Universo – *Robert Jastrow*
11. Ecologia Humana – *Bernard Campbell*
12. Fronteiras da Consciência – *Ernst Poppel*
13. Piratas da Célula – *Andrew Scott*
14. Impacto Cósmico – *John K. Davies*
15. Gaia – Um Novo Olhar Sobre a Vida na Terra – *J. E. Lovelock*
16. O Espinho na Estrela do Mar – *Robert E. Desiwitz*
17. Microcosmos – *Lynn Margulis e Dorion Sagan*
18. O Nascimento do Tempo – *Ilya Prigogine*
19. O Efeito de Estufa – *Fred Pearce*
20. Radiobiologia e Radioprotecção – *Maurice Tubiana e Michel Berlin*
21. A Relatividade do Erro – *Isaac Asimov*
22. O Poder do Computador e a Razão Humana – *Joseph Weizenbaum*
23. As Origens do Sexo – *Lynn Margulis e Dorion Sagan*
24. As Origens do Nosso Universo – *Malcom S. Longair*
25. O Homem na Terra – *Pierre George*
26. Novos Enigmas do Universo – *Robert Clarke*
27. História das Ciências – *Pascal Acot*
28. A Dimensão do Universo – *Mary e John Gribbin*
29. À Boleia com Isaac Newton. O Automóvel e a Física, *Barry Parker*
30. O Longo Verão. Como o Clima Mudou a Civilização, *Brian Fagan*
31. Einstein 1905. O Padrão da Grandeza, *John S. Ridgen*

EINSTEIN 1905
O PADRÃO DA GRANDEZA

Título original:
Einstein 1905: The Standard of Greatness

© 2005 by the President and Fellows of Harvard College

Publicado por acordo celebrado com a Harvard University Press

Tradução: Marcelo Félix

Revisão: Pedro Bernardo

Capa de FBA

ISBN: 978-972-44-1405-8

Depósito Legal nº 261605/07

Paginação, impressão e acabamento:
GRÁFICA DE COIMBRA

para

EDIÇÕES 70, LDA.
Julho 2007

Direitos reservados para todos os países de língua portuguesa
por Edições 70

EDIÇÕES 70, Lda.
Rua Luciano Cordeiro, 123 – 1º Esqº - 1069-157 Lisboa / Portugal
Tel..: 213190240 – Fax: 213190249
e-mail: geral@edicoes70.pt

www.edicoes70.pt

Esta obra está protegida pela lei. Não pode ser reproduzida,
no todo ou em parte, qualquer que seja o modo utilizado,
incluindo fotocópia e xerocópia, sem prévia autorização do Editor.
Qualquer transgressão à lei dos Direitos de Autor será passível
de procedimento judicial.

JOHN S. RIGDEN
EINSTEIN
1905
O PADRÃO
DA GRANDEZA

Índice

Prefácio		9
Prólogo	O Padrão da Grandeza: Porquê Einstein?	15
Março	O Artigo Revolucionário do *Quantum*	33
Abril	Dimensões Moleculares	55
Maio	«A Ver» Átomos	69
Junho	A Fusão do Espaço e Tempo	87
Setembro	A Equação Mais Famosa	117
Epílogo	Após 1905	137
Notas		161
Leitura Adicional		171
Agradecimentos		173
Índice Remissivo		175

Prefácio

Este livro comemora o ano de 1905 de Albert Einstein. Em seis meses Einstein escreveu cinco artigos que influenciaram profundamente o curso da ciência do século XX. Esses artigos, do punho de um físico então desconhecido, fazem de 1905 um dos anos mais memoráveis na história da ciência e, sem dúvida, tornam os seis meses que vão de 17 de Março a 27 de Setembro nos mais produtivos que algum cientista já teve. Os artigos de 1905 de Einstein falavam por si então e agora, e influenciaram um vasto *corpus* de investigação física durante as décadas entretanto decorridas.

Em toda a comemoração, a ênfase recai no aspecto positivo. Einstein cresceu até proporções quase míticas, o que desafia qualquer autor que escreva sobre ele a evitar expandir o mito engrandecendo-o mais do que se justifica, mas também a evitar diminuir o mito cedendo à tentação sedutora de reduzir a grandeza. Tanto os que criam gigantes como os que matam gigantes realizam os seus respectivos trabalhos com entusiasmo.

Como celebração do ano de 1905 de Einstein, este livro não é sobre o homem Einstein ou os seus feitos generosos ou triviais, salvo por as características pessoais do homem estarem reflectidas no *que* ele fez em 1905, e em *como* o fez. Einstein tinha uma forma de trabalhar e uma forma de pensar que não só determinavam o assunto em que pensava, mas também o modo como pensava nele. Como físico, poucos se lhe podem comparar.

A intuição física de Einstein era precisa e poderosa. Por isso ele dava a observações comuns, do dia-a-dia, uma importância e significado que os outros não podiam ver. De imagens peculiares – um objecto em queda livre para a Terra ou um bólide correndo ao lado de um feixe de luz – nasceram revelações assombrosas sobre a realidade para além das aparências da natureza. À medida que novos conceitos físicos emergiam do seu trabalho, Einstein exercia uma presciência que desafia a descrição. Por exemplo, ele reconheceu e, basicamente, previu a energia nuclear 34 anos antes da descoberta que a tornou possível. Previu o desvio gravitacional para o vermelho pelo menos 44 anos antes de este ser confirmado. Einstein imaginou a emissão estimulada 37 anos antes de a luz ser amplificada por meio da emissão estimulada no laser, e previu um novo estado da matéria, o condensado de Bose-Einstein, 70 anos antes da sua descoberta. Por fim, descreveu estados quânticos emaranhados mais de 30 anos antes de estes se tornarem um tema vivo da investigação física. O ritmo vagaroso com que algumas das ideias de Einstein foram aceites e os anos que passaram antes que as suas previsões se verificassem dão a entender que ele trabalhava frequentemente com um avanço de décadas em relação à sua época.

Há quem promova a tese de que os artigos de Einstein tinham um autor não nomeado; a saber, a sua mulher Mileva. Essas opiniões vão desde Mileva como principal força intelectual até Mileva como contribuidora intelectual activa. As provas para ambas as teses são escassas e por inferência; baseiam-se essencialmente em cartas de amor escritas por Einstein a Mileva durante os anos imediatamente anteriores ao seu casamento em 1903. Entre o campo dos estudiosos de Einstein, essa tese é quase universalmente rejeitada. Nesta obra eu pressuponho que Einstein é o autor dos artigos de 1905 que aparecem sob o nome A. Einstein. As semelhanças estilísticas entre estes e os seus artigos mais tardios dão fortes indicações de se tratar do mesmo autor.

Em avanços científicos, o século XX não tem par. As velhas janelas sobre o mundo natural alargaram-se até se aproximar dos limites naturais. Abriram-se janelas novas. Como podemos explicar a repentina aceleração das descobertas no século XX? Um número invulgarmente grande de cérebros de primeira categoria fazia parte de uma vasta população de cientistas, e dinamizou o crescimento exponencial das ciências. Muitos desses cientistas já ocupam um lugar honroso na História. Porém, nenhum chegou sequer perto da quantidade e qualidade do trabalho que Einstein produziu em Março, Abril, Maio, Junho e Setembro de 1905.

Prefácio

Em 1905, a produção do génio de um homem mudou para sempre a nossa compreensão da Natureza, rompendo com o passado e firmando um novo território para a ciência percorrer. Einstein escreveu 21 sínteses e cinco artigos nesse ano, um dos quais foi a sua tese. A carreira de Einstein foi longa, mas ele nunca mais teve outro ano como o de 1905. Poucos dos outros artigos científicos que escreveu se comparam ao alto nível que ele estabeleceu para si próprio naquele ano. Uma excepção é a teoria geral da relatividade (1916), que é considerada, na forma e no conteúdo, uma obra-prima. No Epílogo, discutirei com brevidade cinco artigos pós-1905, incluindo a teoria geral.

EINSTEIN
1905

Albert Einstein no serviço de registo de patentes de Berna. Esta fotografia foi tirada no auge da explosão criativa de Einstein, quando em seis meses ele escreveu cinco artigos intemporais. Esses artigos prepararam o caminho para grande parte da física do século XX.

Prólogo

O Padrão da Grandeza: Porquê Einstein?

Einstein tinha uma rara capacidade para reconhecer os princípios nucleares que explicam o mundo que observamos. As suas percepções nunca foram desviadas pelas muitas distracções fascinantes que encobrem a realidade profunda da natureza. O senso comum, tantas vezes confortador, pode distrair. Os dados experimentais, sempre a autoridade final, podem distrair. Einstein via para lá do senso comum e, embora respeitasse os dados experimentais, não era escravo deles. Via a natureza como ela é.

Albert Einstein e Isaac Newton são habitualmente identificados como os dois maiores físicos de todos os tempos. Para ser mais preciso, essa é uma distinção da maior categoria, mas como é que se pode justificar uma distinção assim, inquantificável, abstracta? Se «de todos os tempos» fosse reduzido a «do nosso tempo», a abstracção podia dissipar-se um pouco; por conseguinte, vamos deixar «todos os tempos» e entrar no século XX. A 31 de Dezembro de 1999, Einstein foi nomeado a «Pessoa do Século» pela revista *Time*. Podemos esquadrinhar os rostos das pessoas extraordinárias que deixaram a sua marca no século há pouco terminado: das artes às ciências, dos líderes mundiais aos grandes escritores, temos vivido entre muitas cuja presença definiu o século. Continua a ser um desafio, talvez mesmo um desafio maior por elas serem tão familiares, perceber a importância da prioridade concedida a Einstein.

Podemos sorrir da tolice de nomear um físico o melhor de todos, ou um homem ou mulher a pessoa do século. Podemos estar de acordo ou não com a classificação concedida a Einstein em «todos os tempos» ou no «nosso tempo». Não obstante, na nossa era, Einstein é o padrão pelo qual popularmente avaliamos a inteligência.

Muitas vezes é difícil avaliar com justiça as pessoas famosas. No entanto, o estatuto de Einstein resulta do seu trabalho, e o seu trabalho aí está para ser visto e julgado por todos. Se não fosse pela profundidade das muitas realizações de Einstein, se não fosse pelo facto de o seu trabalho, mesmo cem anos depois, continuar a ser o prisma com o qual os cientistas contemporâneos procuram abrir o nosso universo ao completo entendimento, então Einstein seria apenas outro grande cientista. A grandeza de Einstein baseia-se no *quê* e no *como*. A consequência do *quê* não pode ser exagerada; o aplauso ao *como* não pode ser superado. Aos 26 anos, ele escreveu cinco artigos que mudaram a ciência para sempre. Segundo o próprio Einstein, «uma tempestade soltou-se na minha mente».

O que fez Einstein?

Até à sua morte, a física consumiu as horas de vigília de Einstein. A sua carreira profissional começou a 13 de Dezembro de 1900, quando terminou o seu primeiro artigo académico. A sua carreira acabou no dia em que faleceu, Domingo, 18 de Abril de 1955, à 1h15 da madrugada. No dia antes de a morte interromper o seu trabalho, ele pediu que o seu material de escrita lhe fosse trazido ao quarto do hospital para que pudesse continuar o trabalho. Esse material estava ao lado do seu leito, à sua espera, na manhã de segunda-feira. Tivesse ele vivido mais um dia, a sua carreira teria sido um dia mais longa.

A carreira de Einstein abrangeu 54 anos, mas a sua reputação e imortalidade científicas assentam quase inteiramente no trabalho que fez durante os primeiros 25. O desenvolvimento da mecânica quântica, iniciado em 1900 por Max Planck e completado na sua forma final em 1927, dominou a física desde então. Em 1927 a mecânica quântica passou a depender de princípios físicos e filosóficos sobre a natureza da realidade física que Einstein não podia aceitar. Nos últimos 30 anos da sua vida, ele pouco fez que contribuísse activamente para os limites da física. Mas em 1925, quando estava a sair da física convencional para o que viria a tornar-se a obsessão da sua vida, unificar a gravitação e o electromagnetismo, a posição de Einstein na comunidade dos físicos era incontestada. O seu conselho, as suas ideias e as suas opiniões eram avidamente procurados por todos os principais físicos, e pelos físicos convencionais que estavam a moldar activamente a disciplina, como Niels Bohr e Werner Heisenberg, profundamente perturbados pelas dúvidas que Einstein trouxe ao seu trabalho. Porque as ideias de Einstein tinham sempre de ser levadas a sério, a sua influência na disciplina era poderosa.

Então *o que* fez Einstein? Numa carta ao seu amigo Conrad Habicht, escrita em meados de Maio de 1905, Einstein começa a responder a essa questão:

> Prometo-te quatro artigos ... o primeiro dos quais posso mandar-te logo, visto que em breve terei os exemplares de oferta. O artigo fala da radiação e das propriedades energéticas da luz e é muito revolucionário, como vais ver ... O segundo artigo é uma determinação dos verdadeiros tamanhos dos átomos da difusão e da viscosidade das soluções diluídas das substâncias neutras. O terceiro prova que, pressupondo a teoria molecular [cinética] do calor, corpos de uma ordem de magnitude de 1/1000 mm, suspensos em líquidos, já devem executar uma deslocação aleatória observável, produzida por movimento térmico; com efeito, os fisiologistas têm observado movimentos (inexplicados) de pequenos corpos suspensos, inanimados, movimentos que designam por «movimento molecular browniano». O quarto artigo por agora é só um esboço e é uma electrodinâmica [*sic*] dos corpos em movimento que utiliza uma modificação da teoria do espaço e tempo; a parte puramente cinemática deste artigo de certeza que te vai interessar.([1])

Einstein não falou a Habicht do quinto artigo. Todos esses cinco artigos, concluídos entre meados de Março e o fim de Setembro, foram publicados na principal revista alemã de física, *Annalen der Physik*. Três dos artigos – o de Março sobre a natureza da luz como partícula, o de Maio sobre o movimento browniano e o de Junho sobre a teoria especial da relatividade – são universalmente considerados textos fundadores. O de Abril, a tese de doutoramento de Einstein, recebe pouca atenção, embora seja um dos artigos mais citados de Einstein e tenha preparado o terreno para o artigo de Maio. O artigo de Setembro, onde pela primeira vez apareceu a célebre equação $E = mc^2$, foi a consequência imprevista do artigo de Junho. Os cinco artigos abordam questões fundamentais em campos separados da física.

Embora Einstein tenha escrito esses cinco artigos em seis meses, seria enganador sugerir que na Primavera de 1905 uma torrente de ideias profundas lhe veio de repente à cabeça. Na verdade, Einstein foi ponderando essas ideias alguns anos, até à Primavera de 1905, quando começou a escrever artigos freneticamente.

Com alguma frequência, as novas ideias científicas são criadas, acolhidas com interesse, e permanecem até serem descartadas quando a sua validade é posta em causa ou a sua utilidade diminui. Por contraste, o que Einstein fez em 1905 mantém-se firme até hoje. Decorrido um século de rápidos progressos em todas as áreas da ciência, a sua obra continua sólida, e a pequena equação $E = mc^2$ tornou-se um ícone da ciência.

O que Einstein fez em 1905 teve consequências não só na física do século XX como na ciência em geral, moldando activamente os esforços científicos subsequentes. Na física ocorreram duas revoluções durante o século XX. Ambas tiveram implicações vastas e profundas. A primeira foi o resultado do artigo de Junho sobre a relatividade especial, o qual exigia a reestruturação das nossas ideias sobre o espaço e o tempo, os conceitos mais básicos da física. Essa revolução foi completada em 1915, novamente por Einstein, com a sua teoria geral da relatividade. A segunda revolução foi a mecânica quântica, que tomou forma entre 1925 e 1927. O artigo de Março é o pilar que sustenta o edifício da mecânica quântica. Por fim, os artigos de Abril e Maio trouxeram as flutuações estatísticas para a física estatística e influenciaram o posterior desenvolvimento do campo.

A maioria do público comum desconhece o que Einstein fez nos seus artigos de Março, Abril e Maio, mas o artigo de Junho que apresentou ao mundo a teoria especial da relatividade tocou-o de forma invulgar. As pessoas sentem o espaço e o tempo. Vivem no espaço e no tempo. Contudo, as ideias de espaço e tempo são intangíveis e misteriosas. Em Junho de 1905, Einstein no fundo reestruturou as nossas noções de espaço e tempo e as consequências lógicas da sua teoria violaram o nosso senso comum da maneira mais severa. Não obstante, essas consequências bizarras têm sido repetidamente comprovadas pela experiência e são aceites como verdadeiras.

A identidade de Einstein está fortemente ligada aos seus artigos de Junho e Setembro. É provavelmente correcto dizer-se que a maioria do público comum não compreende como os conceitos de espaço e tempo foram modificados por esses artigos, mas compreende que Einstein chegou a algo de enorme alcance.

A mais importante contribuição científica de Einstein, e a mais notável, foi a teoria geral da relatividade, que ele concluiu em 1915. Nos anos logo a seguir a 1905, ele pensava em como a teoria gravitacional de Newton podia ser integrada na teoria especial da relatividade. Em 1907, ele teve o que chamou «a ideia mais feliz da minha vida».

> Estava sentado numa cadeira no serviço de patentes de Berna quando de repente me ocorreu uma ideia. «Se uma pessoa cair livremente não sentirá o seu próprio peso». Fiquei assombrado. Esse simples pensamento impressionou-me profundamente. Impeliu-me para uma teoria da gravitação.([2])

Segundo reza a história, Newton, sentado no seu pomar em Woolsthorpe, viu uma maçã a cair, e daí nasceu a sua lei da força gravitacional. Einstein, sentado no seu serviço de patentes em Berna, pensou numa pessoa a cair e daí veio a sua teoria geral da relatividade.

A teoria geral da relatividade de Einstein é uma teoria da gravitação. A sua inspiração súbita de que se uma pessoa em queda «deixasse cair» uma maçã não veria a maçã a cair mas sim a ficar imóvel ao seu lado levou por fim à conclusão de que a força da gravidade é uma consequência da curvatura do espaço. Mas essa inspiração não foi fácil; foi uma longa luta para Einstein. Ele descreveu o esforço a um colega, Arnold Sommerfeld, em Munique: «Agora estou a trabalhar exclusivamente no problema da gravitação ... [u]ma coisa é certa: nunca antes na minha vida me dei tanto ao trabalho por qualquer coisa, e ganhei um enorme respeito pela matemática, cujas partes mais subtis eu considerava até agora, na minha ignorância, pura ostentação! Comparada a este problema, a teoria original da relatividade [a teoria especial] é uma brincadeira de crianças»([3]). Os esforços concentrados de Einstein na teoria geral terminaram em 1915 quando ele concluiu o que é considerado o maior dos seus feitos.

A 6 de Novembro de 1919, na reunião conjunta da Royal Society e da Royal Astronomical Society em Londres, foram anunciadas as conclusões de uma expedição de Maio desse ano, cujo objectivo era pôr à prova uma previsão específica da teoria geral de Einstein. Arthur Eddington tinha viajado até à ilha do Príncipe, ao largo da costa ocidental de África, para observar um eclipse total do sol. No momento da totalidade, Eddington observou que a luz de uma estrela distante se desviava do seu trajecto rectilíneo quando passava pelo sol escurecido. Uma previsão da teoria geral, de que um objecto imenso devia influenciar o movimento da luz, acabava de ser verificada. No dia seguinte, o *Times* de Londres trazia o seguinte cabeçalho: «Revolução na Ciência. As Ideias de Newton Derrubadas». Quase de imediato, Einstein torna-se uma celebridade mundial.

A confirmação da teoria geral de Einstein chegou no final da Grande Guerra. O público, cansado de quatro anos brutais de conflito, abraçou Einstein como o epítome do lado nobre da humanidade. Pelo simples poder do pensamento, Einstein previra realidades profundas da Natureza e melhorara a nossa compreensão do universo em que vivemos.

No século XVII, Galileu e Newton construíram os alicerces de uma revolução intelectual. Depois deles, vimos o nosso mundo de outra forma e os métodos da ciência transformaram-se para sempre. No século que agora findou, o modo como os cientistas concebem o mundo mudou novamente; desta vez, com duas revoluções. Einstein, com as suas teorias especial e geral da relatividade, foi o arquitecto único de uma das revoluções. A mecânica quântica, a segunda revolução no pensamento científico, teve vários arquitectos, entre eles Einstein. Através destas teorias, relatividade e mecânica quântica, Einstein influenciará a procura do conhecimento científico até um futuro longínquo.

Einstein conseguiu muito nos primeiros 25 anos da sua carreira profissional, e os cinco artigos seminais que escreveu em seis curtos meses de 1905 representam a sua maior parte. Mas a grandeza de Einstein é também uma consequência directa de como ele fez o que fez. O modo como trabalhou e abordou o seu trabalho engrandece ainda mais os seus feitos singulares.

Como é que Einstein conseguiu?

Uma análise cuidadosa dos seus artigos de 1905 demonstra o critério de Einstein ao seleccionar os problemas específicos que iria estudar, assim como as suas abordagens incomuns a esses problemas. Einstein disse: «Quero saber como Deus criou este mundo... Quero conhecer os Seus pensamentos, o resto são pormenores»[4]. O seu comentário revela o género de problemas que o atraía, esses grandes problemas que eram afins dos pensamentos de Deus. Ele evitava as trivialidades; ao invés, procurava saber o que tinha o Criador em mente quando organizou tudo. Einstein exprimiu a mesma ideia geral de outro modo: «O que realmente me interessa é se Deus podia ter feito o mundo de forma diferente; isto é, se a necessidade de simplicidade lógica deixa campo para qualquer liberdade»[5]. E porque Einstein tinha a capacidade de ver a Natureza que nos rodeia através dos princípios básicos que governam as nossas experiências, ele estava, como costumava dizer o grande físico norte-americano I. I. Rabi, «a percorrer o caminho de Deus».

No seu livro de 1902 *La Science et l'Hypothèse*, o físico matemático Henri Poincaré identificou três problemas fundamentais ainda não resolvidos. Um problema dizia respeito à forma misteriosa como a luz ultravioleta emite electrões da superfície de um metal; o segundo problema era o movimento em ziguezague perpétuo das partículas de pólen suspensas num líquido; o terceiro problema era o fracasso das experiências para detectar o movimento da Terra através do éter. Einstein leu o livro de Poincaré em 1904[6]. Ele também estivera a pensar nesses problemas, independentemente do autor. Para Einstein, faziam claramente parte dos pensamentos de Deus. Um ano depois, em 1905, resolveu-os.

A abordagem de Einstein à física era poderosa e diferente. Em vez de desanimar, ele ficava curioso pelas contradições aparentes, quer consistissem em resultados experimentais que entravam em contradição com previsões teóricas, ou em teorias com inconsistências formais. Por exemplo, a descontinuidade e a continuidade são contraditórias. A natureza corpuscular da matéria é um exemplo primordial de descontinuidade; a natureza ondulatória da luz é um exemplo primordial de continuidade. Que a matéria, por se compor de átomos, é descontínua, era algo amplamente aceite em 1905; que a luz, por consistir em ondas, é contínua, era uma conclusão inevitável muito antes de 1905. Partícula e onda; descontinuidade e continuidade – a contradição fascinava Einstein. Ele era levado a unificar ideias físicas díspares ou contraditórias e, nesse processo, a simplificar as teorias utilizadas para representá-las.

Einstein tinha plena consciência da sua capacidade para ver além das aparências e visualizar os princípios fundamentais da Natureza. Na sua autobiografia, ele comparava as suas capacidades intuitivas na matemática e na física. Na matemática descrevia-se como «o burro de Buridan ... incapaz de se decidir por qualquer fardo de palha específico ... A minha intuição não era suficientemente forte no campo das matemáticas ... para diferenciar com clareza o fundamentalmente importante, o que é realmente essencial, do resto da erudição mais ou menos dispensável». Na física, porém: «Cedo aprendi a farejar o que era capaz de conduzir aos fundamentos e a desviar-me de tudo o resto, da miríade de coisas que atravancam a mente e a distraem do essencial»([7]).

Esse autoconhecimento deu-lhe autoconfiança; com efeito, Einstein era supremamente confiante quanto à sua física. Não tinha importância que as suas ideias fossem às vezes rejeitadas decididamente pelos seus colegas mais eminentes. Não importava que a sua linha de raciocínio fosse às vezes contra as linhas de raciocínio em voga entre os seus contemporâneos influentes. Não importava que experiências concebidas especificamente para verificar as suas previsões teóricas produzissem dados contraditórios com as suas previsões. A sua resposta era esperar tranquila e pacientemente. Ele parecia saber que os seus colegas logo acabariam por concordar, ou que alguma coisa estava errada com a concepção ou a execução da experiência. Einstein sabia que a sua teoria estava correcta.

Einstein confiava na exactidão da sua física porque a desenvolvera de uma forma particular. A sua física era sempre compatível com determinados princípios gerais que, se fossem falsos, teriam consequências fundamentais na física. Se os princípios gerais fossem verdadeiros, a sua teoria física tinha de ser verdadeira também. Einstein revelou essa confiança avassaladora quando uma previsão da sua teoria geral da relatividade foi posta à prova. Após uma longa espera pelo resultado experimental, de Maio a Novembro de 1919, ele finalmente tomou conhecimento de que a medição experimental tinha validado a sua teoria, mas o anúncio despertou-lhe pouco interesse. Quando lhe perguntaram porque não estava entusiasmado com a grande notícia que confirmava a sua previsão, ele respondeu, «Eu sabia que a teoria estava correcta». Mas, perguntaram-lhe, e se a sua previsão tivesse sido refutada? «Nesse caso», respondeu Einstein, «eu teria de ter pena de Deus, porque a teoria está correcta»([8]).

A confiança de Einstein não era arrogante. Ele examinara cuidadosamente os princípios básicos, de todas as maneiras possíveis, e quando as várias peças se conjugavam sem falhas, sabia que a teoria tinha de estar correcta. O facto de se basear nos princípios fundamentais deu-lhe segurança. Esta ainda se fortaleceu mais pelo facto de ele levar a cabo a maior parte do seu trabalho sozinho.

Em 1905 Einstein não estava numa universidade importante, entre físicos eminentes. Nem sequer estava numa universidade sem importância entre físicos não eminentes. Não estava numa universidade, nem entre físicos. Era um funcionário subalterno no serviço de registo de patentes em Berna, na Suíça. Nesse ambiente, ele estava isolado do mundo mais vasto da física; não conhecia físicos profissionais com quem trocar ideias, colaborar, ou discutir. Ninguém no serviço o alertaria para um novo artigo importante na física. Até o seu acesso às bibliotecas era limitado. Em Setembro de 1907, dois anos depois do artigo sobre a relatividade, Johannes Stark escreveu a Einstein pedindo-lhe um artigo que analisasse a história da teoria da relatividade desde 1905. Einstein respondeu: «Devo ... fazer notar que não estou em posição de me familiarizar com tudo o que foi publicado sobre este assunto, porque a biblioteca está encerrada durante o meu tempo livre»([9]). Comparado a outros físicos, Einstein estava isolado.

Isso não significa que ele estivesse completamente fora de contacto. Ele lera o livro de Poincaré, e tinha acesso a bibliotecas. No entanto, nos seus artigos ele não cita a bibliografia corrente tanto como poderia. Não há qualquer citação, por exemplo, no seu artigo de Junho sobre a teoria da relatividade. Não se pode saber ao certo o que Einstein lera e conhecia, e, por isso, as opiniões dos estudiosos divergem sobre o porquê de aparecerem tão poucas referências nos seus artigos.

O trabalho no serviço de patentes convinha a Einstein. Ele gostava de examinar os pedidos de patentes de invenções técnicas. Lidava bem com os detalhes de um pedido de patente. Era rápido. Tinha tempo de pensar. A 17 de Novembro de 1909, depois de se ter demitido do serviço (em Julho) e se ter tornado professor associado de Física em Zurique, com cursos para ministrar, escreveu ao seu amigo Michele Besso: «Estou *muito* ocupado com os cursos, pelo que o meu tempo livre *real* é menor do que em Berna»([10]). A tranquilidade do serviço de patentes pode ter sido essencial para ele em 1905.

Isolado de físicos activos como ele certamente estava, Einstein habituou-se a trabalhar sozinho. Continuou a fazê-lo durante a maior parte da sua carreira profissional. Foi o único autor dos artigos de 1905 e da maioria dos seus outros artigos. Porque a sua abordagem à física era singular, não podia partilhar nem o crédito nem a censura. Sem o envolvimento superficial de um co-autor, e confiante nas suas próprias inspirações, ele não duvidava da exactidão do seu trabalho.

A confiança de Einstein revelava-se ainda de outra forma. C. P. Snow, em conversas com o grande matemático G. H. Hardy, uma vez falou de Einstein. Que palavras se poderia usar para descrever adequadamente esse homem? Logo concordaram em «grande», «amável» e «sábio». Mas isso, pelo menos para Snow, não chegava. No fim, ele propôs a designação «inamovível». «Inamovível» capta uma qualidade de Einstein que as palavras «grande», «amável» e «sábio» não afloram. Einstein era de facto inamovível. Durante 30

Prólogo

anos ele discordou dos princípios da mecânica quântica enquanto esta era desenvolvida por Niels Bohr, Paul Dirac, Werner Heisenberg, Wolfgang Pauli, Erwin Schrödinger e outros. Os melhores entre estes tentaram convencê-lo de que a interpretação probabilística da mecânica quântica representava a realidade física tal como ela era. Durante 30 anos Einstein assistiu enquanto os sucessos da mecânica quântica cresciam e se multiplicavam. Mas Einstein era inamovível. Até ao fim, ele acreditou que a mecânica quântica representava uma estagnação para a física e que algum dia seria substituída por uma teoria conforme às suas visões causais da Natureza. Seguro das suas convicções, que se reflectiam na sua física, ele manteve-se-lhes fiel e esperou.

A posição de Einstein em relação à mecânica quântica levou alguns físicos a concluir que a física o ultrapassara. Ao mesmo tempo, porém, muitos contemporâneos de Einstein partilhavam um desconforto intelectual quanto à mecânica quântica. Alguns importantes físicos da actualidade acreditam que, no final, poder-se-á dar razão às opiniões de Einstein sobre ela. Só o tempo decidirá.

Einstein trabalhou ao nível dos princípios básicos, e fê-lo sozinho. Foi assim que funcionou. Por isso, tinha uma confiança inabalável nos seus resultados. É o «quê» e o «como» que respondem à pergunta «porquê»... Por que razão é Einstein o padrão da grandeza.

Para além do quê e do como

As qualidades pessoais de Einstein só aumentaram a mística crescente que o rodeou nos anos após 1905. Ele suscitava uma sensação de transcendentalidade que o fazia parecer acima e além das preocupações da gente comum. A manifestação mais evidente do desprendimento de Einstein foi o estilo de vida boémio que acabou por adoptar. Andava sem meias, as calças ficavam-lhe muito curtas, as roupas eram algo desleixadas, e o seu cabelo comprido raramente via um pente. A aparência combinava com a sua casa.

O número 122 de Mercer Street em Princeton era uma habitação simples e modesta. As posses materiais interessavam-lhe pouco.

Logo que Einstein ficou famoso, as suas atitudes inconvencionais e a sua vida simples só aumentaram a monumental reputação que tinha. Claro que Einstein sabia isso muito bem. Podia ter mudado a maneira de vestir, mas não o fez. Ele era assim. Brilhando através da aparência estranha, sobrepondo-se-lhe até, uma intimidade invulgar e uma afabilidade cativante emanavam dele. O seu cabelo desalinhado, espetado em todas as direcções, enquadrava um rosto fascinante, com olhos grandes e amáveis, que chamavam a atenção. Mesmo nos seus primeiros anos, a grande cabeça de Einstein, segundo o astrónomo Charles Nordmann, «atrai instantaneamente a atenção ... Um bigodinho, escuro e muito curto, enfeita uma boca sensual, muito vermelha, um tanto grande, cujos cantos traem um ligeiro sorriso permanente. Mas a impressão mais forte é a de uma espantosa juventude»([11]). A aparência peculiar de Einstein, juntamente com o seu estatuto de celebridade, tornou-o querido do público.

A transcendentalidade de Einstein ia para lá da sua aparência física. Ele levava uma vida de solitário. Rudolf Ladenburg, que com ele trabalhou em Berlim (e mais tarde em Princeton) disse: «Havia dois géneros de físicos em Berlim: por um lado, Einstein, e por outro, todos os outros»([12]). Em parte Ladenburg estava a dizer que Einstein estava muito acima dos outros físicos, mas também se referia ao seu alheamento. Na Universidade de Berlim, ele era membro da faculdade, mas passava pouco tempo a participar da vida universitária.

Em 1930 Einstein descreveu-se assim:

> O meu interesse apaixonado pela justiça e responsabilidade sociais sempre contrastou curiosamente com uma marcada falta de desejo de associação directa com os homens e as mulheres. Sou um cavalo de um arreio só, que não foi feito para o tandem ou o trabalho de equipa.
>
> Nunca pertenci incondicionalmente a nenhum país ou Estado, ao meu círculo de amigos, ou mesmo à minha própria família. Esses laços sempre se acompanharam de uma vaga reserva, e o desejo de me retirar em mim mesmo aumenta com o passar dos anos. Às vezes esse

isolamento é amargo, mas não lamento ficar sem a compreensão e a simpatia dos outros homens. Perco algo com isso, certamente, mas sou compensado ao tornar-me independente dos costumes, opiniões e preconceitos alheios, e não estou tentado a assentar a minha paz de espírito sobre fundações tão instáveis([13]).

Livre dos laços emocionais que frequentemente complicam e até desfazem as vidas dos outros, Einstein emanava um sentido de contentamento que complementava a sua aparência desalinhada.

O seu desprendimento era certamente libertador; ele podia dedicar-se a qualquer problema com todo o empenho durante o tempo que desejasse. A sua capacidade para se concentrar durante anos num problema foi demonstrada pelo seu trabalho na teoria geral da relatividade. A capacidade de Einstein para se concentrar na sua vida intelectual aumentou ainda mais a sua mística.

Contrastando com esse desprendimento de espírito livre, porém, havia uma firmeza que só aumentou a admiração geral do público pelo homem. Einstein era um homem de princípios e podia agir com coragem. Durante a Primeira Guerra Mundial, ele foi um dos quatro cientistas que assinaram um «manifesto aos europeus» no qual se criticava os cientistas e os artistas por terem «renunciado a qualquer desejo de continuação das relações internacionais», e apelando a todos os que verdadeiramente prezam a cultura da Europa para que unam forças»([14]). Como nota Abraham Pais, um biógrafo de Einstein, «o período de 1914-1918 assinala a emergência pública do pacifista radical Einstein, o homem de convicções morais fortes que nunca hesitaria em expressar publicamente as suas opiniões, fossem populares ou não»([15]). Einstein era um homem de convicções e, com palavras memoráveis, transmitia-as ao público.([16])

Jacob Bronowski captou a modéstia e a firmeza de princípios de Einstein quando escreveu: «Ele era muito despreocupado com o sucesso mundano, ou a respeitabilidade, ou a conformidade; na maior parte do tempo não fazia ideia do que se esperava de um homem com a sua eminência. Odiava a guerra, e a crueldade, e a hipocrisia, e acima de tudo odiava os dogmas – salvo que ódio não é a palavra certa para a sensação de repulsa triste que ele sentia; ele considerava o próprio ódio uma espécie de dogma»([17]).

Einstein 1905

    Einstein despertou a atenção muito antes de ser famoso. É muitas vezes salientado que ele demorou a aprender a falar e que foi um aluno fraco. De imediato nascem esperanças no coração de todos os pais dedicados e filhos indolentes; até os mais brilhantes sentem uma repentina afinidade com o estudante Einstein. Mas será verdade? O próprio Einstein admitiu que os seus pais ficaram preocupados com o seu longo e demorado, da fala. A acusação de ter sido um estudante fraco é menos certa. Se «estudante fraco» for «estudante burro» a resposta é inequivocamente não. Se «estudante fraco» for «estudante não colaborador», a resposta provavelmente é sim. Einstein aborrecia-se com grande parte do trabalho que os professores lhe davam. À medida que os professores se impacientavam mais com o jovem Einstein, mais este se impacientava com eles. Muitas vezes ele não estava disposto a fazer as tarefas monótonas que os seus professores marcavam. Levava especialmente a mal os professores autoritários que exigiam dos alunos que aprendessem através de exercícios e repetições.

    Einstein foi muitas vezes rebelde num ambiente autoritário. E pagou por isso. Não assistia às aulas, preferindo estudar as coisas que lhe interessavam. Quando se candidatou ao Instituto Federal de Tecnologia em Zurique, não passou nos exames de admissão. Recandidatou-se no ano seguinte, dessa vez passando. Quando ele e três colegas se licenciaram em 1900, tinham habilitações para ensinar. Os seus colegas obtiveram lugares no ensino; Einstein não. Ele arranjou uma série de trabalhos temporários até 16 de Junho de 1901, quando foi nomeado técnico especializado de terceira classe no serviço de registo de patentes de Berna.

    O rebelde Einstein tornou-se um Einstein amável, obsequioso, na maturidade. Nos seus últimos anos a quantidade de pessoas que o queria ver era enorme. A sua secretária e assistente, Helen Dukas, lá reduzia o número a um nível tolerável. Einstein, não obstante, recebia muitas dessas pessoas e fazia-o com delicadeza. Recebia sacos de correspondência e respondia pessoalmente a muitas cartas, especialmente as que recebia de crianças. As suas características pessoais, no seu conjunto, ampliavam os frutos da sua mente e, no processo, engrandeciam a sua estatura como homem.

Prólogo

Embora Einstein tenha falecido em 1955, ele continua a ser o padrão da grandeza. Os miúdos inteligentes são muitas vezes chamados «Einstein». «Ó Einstein», perguntamos ao génio da turma, «o que é que tiveste no teste?» Quando os comentadores televisivos querem referir-se à verdadeira inteligência, mencionam Einstein. Porquê Einstein? Ele era certamente inteligente, mas muitas pessoas são inteligentes. Einstein, porém, é mais do que um mero símbolo da inteligência. Quando Einstein reconheceu verdades sobre o mundo natural através de puros actos mentais, ele exemplificou o melhor de se ser humano. E quando, através de tudo isso, manifestou uma nobre modéstia, entrou na consciência de todos.

Über einen die Erzeugung und Verwandlung des Lichtes betreffenden heuristischen Gesichtspunkt

A. Einstein

O artigo foi recebido pelo editor da revista alemã *Annalen der Physik* em 18 de Maio de 1905, e foi publicado pouco depois no volume 17, páginas 132-148.

---

* Sobre uma Perspectiva Heurística da Criação e Transformação da Luz [On a Heuristic Point of View about the Creation and Conversion of Light]. Optou-se por manter o título do artigo tal como foi originalmente publicado, prática habitual em publicações científicas. Os artigos de Einstein abordados neste livro foram-no em alemão, com uma excepção; como estes título podem não dizer muito à maioria dos leitores, juntamos a tradução do título em português e em inglês, *lingua franca* da ciência e na qual os artigos são hoje em dia referidos (N. R.)

Albert Einstein e Robert Millikan em 26 de Fevereiro de 1931, quando Einstein visitava o California Institute of Technology. Foi Millikan que, de um modo belíssimo, confirmou uma consequência do artigo de Março de Einstein, tendo porém rejeitado categoricamente a tese essencial do artigo que produzira a consequência que ele confirmou. O artigo de Março é o único dos seus artigos de 1905 que o próprio Einstein considerava «revolucionário».

Março

O Artigo Revolucionário do Quantum

No artigo de Março de 1905, Einstein desafiou directamente a ortodoxia da física: ortodoxia que crescera e se fortalecera por mais de um século; ortodoxia que assentava em experiências fundamentais e em teoria de grande alcance.

Todos os físicos sabiam em 1905 o que era a luz. Fosse do Sol ou de uma lâmpada incandescente, sabia-se que a luz era uma onda; isto é, uma sucessão de cristas identicamente espaçadas, separadas por depressões identicamente espaçadas, em que a distância entre as cristas (ou as depressões) determinava a cor da luz. Todos os cientistas sabiam, sem dúvidas, que a luz tinha origem numa fonte, espalhava-se uniforme e continuamente através de todo o espaço acessível e propagava-se de um lugar para o outro como cristas e depressões electromagnéticas. A luz era chamada onda electromagnética ou, mais habitualmente, radiação electromagnética. Em 1905, a natureza ondulatória da luz era um facto estabelecido e incontroverso.

Perante esse conhecimento universalmente aceite, Einstein sugeriu que a luz não era uma onda contínua mas consistia em partículas localizadas. Como escreveu na introdução do seu artigo de Março,

> Segundo a hipótese aqui contemplada, quando um raio de luz se está a espalhar a partir de um ponto, a energia não é distribuída continuamente por espaços cada vez maiores, mas consiste num número finito de *quanta* de energia que estão localizados em pontos no espaço, movem-se sem se dividir e só podem ser gerados ou absorvidos como um todo.([1])

Chamaram-lhe a «a frase mais "revolucionária" escrita por um físico no século xx»([2]).

Einstein previu o impacto do artigo. Em Maio, antes de este aparecer impresso, ele informou o seu amigo Conrad Habicht que um próximo artigo sobre as propriedades da luz era «muito revolucionário»([3]). De um ponto de vista actual, pelo menos três dos artigos de Einstein em 1905 foram igualmente inovadores, mas para Einstein, nesse ano, apenas a «hipótese aqui considerada [o artigo de Março]» representava uma ruptura brusca com a tradição oficial. Era revolucionário à época, e permaneceu revolucionário. Em Junho de 1906, o físico Max Laue, futuro vencedor do Nobel, escreveu a Einstein negando inequivocamente a hipótese deste:

> Quando, no começo do seu último artigo, formula a sua opinião heurística com o sentido de que a energia radiante pode ser absorvida e emitida apenas em *quanta* finitos específicos, não tenho objecções; todas as suas aplicações também estão de acordo com essa formulação. Ora, essa não é uma característica dos processos electromagnéticos no vácuo, antes da matéria emissora ouabsorvente, e por este motivo a radiação não consiste em *quanta* de luz como vem no §6 do seu primeiro artigo; antes, só quando está a trocar energia com a matéria é que ela se comporta como se consistisse deles.([4])

Laue estava ao que parece disposto a admitir que o processo de emissão e absorção envolvia *fotões*, mas para além desse ponto era categórico: a luz viajava no vazio do espaço como uma onda, não como *quanta*. Nessa convicção, não era o único. Em 1905, a magnitude do afastamento de Einstein da crença sancionada sobre a luz era tão perturbadora que a sua teoria corpuscular da luz não foi aceite durante duas décadas.

O contexto

Diz-se que Bertrand Russell colocou esta questão: o mundo é um balde de melaço ou uma selha de areia? Em termos menos pitorescos, a pergunta torna-se: será a realidade oculta do mundo um *continuum* ininterrupto ou será inerentemente granulosa? É contínua ou descontínua? Em termos matemáticos a questão é esta: deve-se descrever geometricamente o mundo como linhas contínuas intermináveis ou deve-se contá-lo com a álgebra dos números discretos? O que é que melhor descreve a Natureza – a geometria ou a álgebra? Esta pergunta foi descrita como «aquele mesmo dilema entre os átomos e o *continuum* que estruturou a história da ciência desde o seu início na Grécia»([5]).

As ideias contraditórias de continuidade e descontinuidade vinham a par na física de Newton. Por um lado, a gravidade preenche todo o espaço, por outro, as fontes da gravidade são massas localizadas. A gravidade contínua brota de massas descontínuas? Encontra-se a mesma tensão no electromagnetismo de James Clerk Maxwell: «A energia nos fenómenos electromagnéticos é [o mesma que] energia mecânica. A única questão é: onde reside ela? Nas teorias antigas reside nos corpos electrizados ... Na nossa teoria reside no campo electromagnético, no espaço que rodeia os corpos electrizados e magnéticos»([6]). A energia electromagnética é contínua ou descontínua?

A descontinuidade disfarça-se muitas vezes de continuidade aparente. Mergulhamos de um molhe no Lago Erie ou de uma prancha na piscina e a água rodeia-nos completamente; saímos da água e a pele está uniformemente coberta por uma camada de líquido. Mergulhamos a mão num balde de água e ela é a mesma em todo o lado. A água parece contínua (como o balde de melaço de Russell). No entanto, sabemos que não é. Comecemos com um copo de água. Dividamo-lo em duas partes. Dividamo-lo outra vez. Continuemos a dividi-lo, outra vez, e outra, e outra ainda. À medida que a amostra de água diminui, torna-se difícil fazer uma divisão certa, mas existem instrumentos de precisão que permitem continuar o processo de divisão até se alcançar a entidade essencial da água – uma única molécula de H_2O – e ela acaba aí. Não é possível dividi-la mais. Porém, mesmo antes de chegarmos à última molécula de água, a sua granulosidade torna-se aparente. Alguns passos antes da última divisão estão presentes cerca de uma centena de moléculas, ligeiramente separadas e movendo-se relativamente umas às outras, chocando e ressaltando nas vizinhas. Entretanto, e a rodear as moléculas de água, nada existe, apenas espaço vazio. A água compõe-se de partículas.

A água e a matéria são descontínuas. O espaço, por outro lado, é contínuo. Todas as provas disponíveis sugerem que o espaço se estende contínuo em todas as direcções a partir da Terra, e continua por distâncias inimagináveis. A sonda espacial *Pioneer 10* foi lançada a 2 de Março de 1972. Forneceu belas imagens dos vizinhos planetários da Terra; contudo, após 30 anos, já não era capaz de emitir sinais suficientemente fortes para serem úteis no nosso planeta. O seu último sinal ténue foi captado a 23 de Janeiro de 2003, Depois desse sinal derradeiro, o contacto terrestre com a *Pioneer 10* interrompeu-se. Agora essa proveitosa sonda espacial move-se na escuridão do imenso espaço como um meteoro solitário. Percorrendo inexoravelmente uma linha recta, representa a cada momento o conceito de inércia enquanto se vai aproximando da estrela vermelha Aldebaran, o olho da constelação do Touro, a uns 68 anos-luz. Através da vastidão do espaço contínuo, a *Pioneer 10*, essencialmente uma partícula, avança para o seu encontro com Aldebaran daqui a uns dois milhões de anos.

A luz é contínua ou descontínua? A luz do sol espalha-se no relvado por igual, iluminando todos os dentes-de-leão, relva e grãos de poeira expostos. A luz parece ser contínua. Mas não, pensou Isaac Newton no século XVII. Ele encarava a luz como composta de partículas. Newton, que pensava em termos de mecânica, reparou que o comportamento da luz parecia compreender-se melhor como partículas que fluíam. Estudos ópticos no início do século XIX, porém, contradisseram a opinião de Newton. Thomas Young demonstrou que dois feixes de luz podem juntar-se, ou para produzir um feixe com o dobro da luminosidade, ou para produzir nenhum. Essa prova ajustava-se à interpretação da luz como ondas: quando os dois feixes se encontram, crista com crista e depressão com depressão, ocorre uma interferência construtiva e o feixe resultante é duplamente luminoso, mas quando os feixes se juntam crista com depressão e depressão com crista, ocorre uma interferência destrutiva e eles cancelam-se mutuamente (o tipo de interferência descrito é observado quando se lançam duas pedras a uma poça. Quando as ondulações, originadas nos pontos de embate das duas pedras, se cruzam, vêem-se as cristas e depressões interferindo construtiva e destrutivamente). A interferência é um comportamento da onda; a difracção também. A luz, ao incidir num obstáculo opaco, produz uma sombra. Um exame mais próximo, no entanto, revela que a luz aparece onde não devia estar: na zona de sombra. Tal como as ondas de som podem dobrar-se nas esquinas, assim sucede com as ondas de luz. A difracção, curvando nos cantos, é um comportamento de onda. Devido à interferência e à difracção, a luz foi considerada contínua.

Juntamente com a óptica, a electricidade e o magnetismo eram também campos dominantes da investigação física no século XIX. Um grande físico experimental na Inglaterra, Michael Faraday, concebeu a ideia de campos contínuos com origem nas cargas eléctricas e magnetos. Então, na década de 60 do século XIX, James Clerk Maxwell formalizou o conceito de campo numa síntese que forneceu a base para se compreender todos os fenómenos electromagnéticos (conhecida por equações de Maxwell). Além disso, a síntese de Maxwell previu inesperadamente a existência de uma nova espécie de onda de natureza electromagnética. Quando se examinaram as características dessas ondas electromagnéticas desconhecidas, descobriu-se que elas viajavam a uma única velocidade: quase 300 000 quilómetros por segundo. Dado ser essa precisamente a velocidade da luz, era tentador concluir que as ondas de luz eram, de facto, electromagnéticas. Por fim, Heinrich Hertz confirmou experimentalmente a existência das ondas electromagnéticas, e foi impossível negar a conclusão: a luz é uma onda electromagnética.

Quando se confirmou a luz como onda electromagnética, foi preciso resolver outro problema; nomeadamente, o que era a «substância», ou o meio, como se chamava, no qual a luz se movia ao propagar-se de estrela a estrela, do Sol para a Terra, do candeeiro de rua para o passeio? Uma onda, supunha-se, tinha de ter um meio que lhe permitisse propagar-se. Num sentido real, é o meio que propaga uma onda. O meio escolhido para a onda foi o éter teórico: ele tinha de preencher todo o espaço, não exercer resistência aos planetas que se movem nele, e possuir propriedades muito invulgares que lhe permitem propagar luz à tremenda velocidade de 300 000 quilómetros por segundo. Toda a gente sabia o que era a luz, mas sem um meio validado experimentalmente, o quadro ficava incompleto.

Determinar as propriedades do éter era uma questão importante em 1905. A despeito das incertezas quanto à sua natureza, porém, as provas e opiniões consideradas dos físicos eram esmagadoras: a luz era uma onda contínua. Contra essas provas e opiniões, Einstein sugeriu que a luz era descontínua e se compunha de partículas. Nenhum outro físico, nenhum dos seus contemporâneos ilustres, pensava dessa forma sobre a luz. Einstein estava sozinho. Embora ele não o mencionasse no artigo de Março, deve ter percebido que a sua teoria corpuscular da luz negava a questão do éter. As partículas não requerem um meio. A luz, quando considerada um fluxo de partículas, não requer o éter. Só três meses mais tarde, no seu artigo de Junho, Einstein põe de parte o conceito de éter. Terá ele visto o seu artigo de Março como preparando efectivamente o caminho para a extinção do éter?

As ideias contraditórias são provocadoras. Estimulam o pensamento e, como no caso da gravidade de Newton, muitas vezes estão ligadas. A sonda *Pioneer 10*, uma «partícula» discreta, por exemplo, move-se no espaço contínuo. No processo, continuidade e descontinuidade existem lado a lado. Às vezes as ideias contraditórias trabalham em conjunto. Outras vezes não.

Consideremos, por exemplo, um pedaço de metal com uma cavidade esférica no interior. Façamos um furo pequeno, da superfície exterior da esfera para a cavidade interna. Aqueçamos o metal até que fique incandescente. Na cavidade, contida pelo metal incandescente, a luz vai ressaltando e por fim jorra para o exterior através do furo. Examinemos a luz (esta luz chama-se radiação do corpo negro porque o objecto, neste caso o furo que leva à cavidade, comporta-se como um absorvedor perfeito e um radiador perfeito, a que se chama corpo negro). Quando os físicos examinaram a energia transportada por essa luz, não conseguiram explicá-la. Aqui temos luz em contacto directo com os átomos nas paredes da cavidade. Aqui temos um exemplo claro de continuidade (luz) e descontinuidade (átomos) lado a lado, e algo está errado. Foi preciso a ideia revolucionária do *quantum*, proposta por Max Planck em 1900, para começar a resolver a dificuldade.

Planck introduziu o *quantum* para explicar as propriedades energéticas da luz emitida por um corpo negro. No entanto, a ideia do *quantum* de Planck *não* se aplicava à luz em si, mas aos «ressoadores», como ele lhes chamava, no interior da cavidade. Eram os electrões nas paredes da cavidade, oscilando em várias frequências, que emitiam a luz que por fim emergia do furo. O que Planck supôs foi que as energias dos «ressoadores» não eram contínuas, mas antes divididas em unidades discretas de energia, ε, proporcionais à frequência do oscilador, v, em que $\varepsilon = hv$. Assim nasceu a constante de Planck, h. Dado que ela é tão pequena,

h = 0,00000000000000000000000006626 erg-sec = 6,626 x 10^{-27} erg-sec,

os aglomerados discretos de energia são infinitesimais. Os físicos «sabiam» que a energia era contínua e quando Planck dividiu a energia em *quanta* discretos, mesmo sendo estes pequenos, foi uma grande revolução. Mais tarde Einstein diria: «Foi como se o chão me tivesse sido arrancado, sem que em parte alguma se visse um alicerce firme sobre o qual se pudesse construir»([7]).

A ideia seminal de Planck não chegou ao ponto esperado. O seu *quantum* ficou preso aos «ressoadores» na cavidade; Einstein percebeu que o *quantum* tinha de ser solto das suas amarras. No seu artigo de Março, Einstein libertou o *quantum*.

O artigo de Março de 1905

O artigo de Março revela o modo como o cérebro de Einstein trabalhava. Ele começa-o à típica maneira de Einstein. Eis a primeira frase:

> Existe uma profunda diferença formal entre os conceitos teóricos que os físicos formaram sobre os gases e outros corpos ponderáveis, e a teoria de Maxwell dos processos electromagnéticos no chamado espaço vazio.([8])

A questão surge aqui em completo contraste: a descontinuidade dos gases consistindo em átomos localizados e a continuidade da luz (processos electromagnéticos) propagando-se no espaço vazio([9]). Einstein dirige imediatamente a nossa atenção para a natureza fundamental da questão. Ele trabalhava muitas vezes a partir de generalizações ou princípios tidos por contraditórios – alimentavam a sua imaginação. Logo que identificava uma contradição, Einstein generalizava-a e deixava-se conduzir pelas suas implicações até encontrar uma solução, muitas vezes na forma de novas intuições profundas. Além disso, muitas vezes demonstrava como as noções há muito preconcebidas eram inválidas. Essa mesma abordagem reaparece nos artigos de Maio e Junho.

Será que a «profunda diferença formal» de Einstein é meramente um assunto abstracto e académico? De forma alguma. Muitos fenómenos da Natureza são uma consequência directa de interacções mútuas entre radiação não localizada (contínua) e matéria localizada (descontínua), e é quando a radiação e as partículas têm de ser tratadas juntas, como no caso da radiação do corpo negro, que o problema emerge. Quarenta anos mais tarde, nas suas «Notas Autobiográficas», Einstein referiu-se ao período de 1905 e escreveu: «Ficamos espantados com o dualismo que existe no facto de o ponto material no sentido newtoniano e o campo como *continuum* serem usados lado a lado como conceitos elementares»([10]). Einstein apercebeu-se disso em 1905. Ele estava convencido de que havia problemas na justaposição de partículas e ondas. O seu artigo de Março era uma consequência directa desse conhecimento.

Quase de imediato no artigo de Março, Einstein reconhece que a «teoria ondulatória da luz» fora «excelentemente justificada» para uma série de fenómenos ópticos. Einstein referia-se especificamente a fenómenos como a interferência e a difracção (que apoiavam muito eficazmente a imagem da luz como onda). Contudo, esses fenómenos ópticos, para os quais a continuidade das ondas se revelara tão adequada, não tinham a ver nem com a emissão («criação» no seu título) da luz, nem com a sua absorção (conversão). Ou, para exprimir o problema como o fez Einstein na abertura do seu artigo, as observações ópticas como a reflexão e a difracção representam o comportamento da luz num período alargado de tempo, enquanto que a emissão ou absorção de luz por matéria atómica ocorre quase instantaneamente. Desta maneira suave, Einstein prepara-se para mostrar que quando se juntassem luz contínua e átomos granulosos, o seu «ponto de vista heurístico» provaria o seu valor.

De facto, Einstein só apresentou uma opinião heurística. O artigo de Março não continha provas de que a luz se compusesse de partículas ou *quanta*; Em vez disso, Einstein apresentava a sua ideia de partícula como uma forma provisória de pensar a luz, uma forma cujo mérito seria determinado pela sua utilidade explanatória. O caminho de Einstein para o seu objectivo é invulgar. Em nenhuma altura do trajecto pode um leitor prever como é que Einstein vai chegar às afirmações com que inicia o artigo. Mais do que invulgar, porém, o artigo de Março é magnífico. É um testemunho do poder da intuição de Einstein.

Para chegar ao problema, Einstein imaginou um recipiente com uma cavidade interior rodeada por paredes reflectoras. Na cavidade há partículas: moléculas de gás e electrões. Além disso, há electrões ligados às paredes da cavidade de tal modo que podem oscilar com uma gama de frequências, como os ressoadores de Planck, e ao fazê--lo os ressoadores conseguem absorver e emitir radiação electro-magnética (luz). Dentro da cavidade podemos imaginar moléculas gasosas e electrões esvoaçando, colidindo uns com os outros, com as paredes da cavidade, e com os electrões oscilantes. Ao mesmo tempo, a luz está a ser emitida e absorvida pelos electrões oscilantes e está a ressaltar na cavidade. A cavidade e todo o seu conteúdo estão à temperatura T.

Ora, afirma Einstein, suponhamos que o gás e os electrões oscilantes, por um lado, e a radiação e os electrões oscilantes, por outro, estão todos em equilíbrio dinâmico de modo que cada componente – os átomos gasosos, a radiação, e os electrões oscilantes – possui a mesma energia média. Por outras palavras, nenhum componente perde ou ganha energia à custa de outro componente. Tudo isto parece perfeitamente razoável, mas não funciona. Einstein demonstra que quando se considera a radiação e os electrões oscilantes, está-se na iminência de um desastre. Se se permitir que a frequência de oscilação dos electrões aumente, a energia da radiação aumenta sem limites. A energia da radiação torna-se infinita. Como a energia infinita não faz sentido em termos físicos, alguma coisa estava errada.

Nesta situação imaginada, Einstein juntou luz e partículas de uma forma fisicamente razoável e foi levado a um resultado fisicamente irrazoável. Para Einstein, a continuidade da luz e a descontinuidade dos electrões e átomos estavam em conflito.

A partir de um absurdo – a luz com energia infinita – Einstein mexeu-se rapidamente. A sua abordagem em todo o artigo de Março consistia em alternar entre descrições de átomos e radiação. O fulcro desta abordagem baseava-se nas entropias de uma amostra de gás e de uma amostra de luz; especificamente, como as entropias de amostras de gás e de luz dependiam dos seus volumes. A entropia é o conceito mais fascinante e talvez mais importante da termodinâmica. A segunda lei da termodinâmica está construída à volta da entropia. Existem muitas formas de pensar neste conceito (faz parte da sua mística); uma é em termos da ordem e da desordem de um sistema físico. Para um estado altamente ordenado (um lugar para tudo e tudo no seu lugar), a entropia é baixa; para um estado desordenado (tudo atirado confusamente de um lado para o outro), a entropia é alta. A segunda lei da termodinâmica diz essencialmente que todos os processos da Natureza que ocorrem naturalmente, isto é, sem intervenção externa, são acompanhados de um aumento da entropia. O caminho da Natureza é prosseguir da ordem para a desordem ou da entropia baixa para a alta.

O modo como a entropia de uma amostra de gás muda com o seu volume era bem conhecido. Por isso, com a radiação Einstein começou com o objectivo de descobrir como a entropia de uma amostra de radiação depende do seu volume; mais precisamente, propôs-se determinar como a sua entropia mudava quando uma amostra de luz era retirada de um volume maior V_0 para um volume menor V. Para Einstein, o resultado era sugestivo. Ele descobriu que para *ambas* as amostras, de radiação contínua e de gás discreto, a dependência da entropia em relação ao volume era formalmente *idêntica*. Tanto para um gás como para a radiação, quando se muda o volume de V_0 para V, a mudança de entropia é determinada pela razão V/V_0. Por que é que têm de ser iguais? Por que é que as mudanças de entropia de um volume de gás, composto por átomos discretos, e de um volume de radiação, composto por ondas contínuas, dependem dos seus volumes *exactamente* da mesma maneira? Todavia, tendo presente o objectivo de Einstein, podíamos perguntar qual a importância disso. Uma razão de volumes nada faz, em si ou por si mesmo, para decidir entre continuidade e descontinuidade. Isso veio depois.

Tendo determinado as entropias de um gás e da luz pelo método padrão, conhecido de todos os físicos, Einstein determinou em seguida as entropias através de um método muito mais moderno. Como ele escreveu: «A equação acabada de descobrir será interpretada na seguinte com base no princípio introduzido na física pelo Sr. Boltzmann, segundo o qual a entropia de um sistema é uma função da probabilidade do seu estado»([11]). Assim, o caminho de Einstein para o seu resultado revolucionário devia exprimir as entropias de amostras de gás e radiação por meio das ideias probabilísticas relativamente novas provenientes do trabalho do físico austríaco Ludwig Boltzmann.

A noção de ordem-desordem associada à entropia também pode ser expressa em termos de probabilidades. A ordem está associada à baixa probabilidade; a desordem com a alta probabilidade. Há muitas maneiras diferentes de atirar com os objectos de um lado para o outro, aleatoriamente, numa sala, para produzir uma sala desordenada ou uma sala desarrumada. Havendo muitas maneiras de tornar uma sala desarrumada, o estado mais provável de uma sala é a desarrumação. Esta é um estado de alta probabilidade. Por contraste, se houver um lugar certo para todos os objectos numa sala, então, de todas as muitas maneiras como os objectos se podem arrumar, existe apenas uma arrumação pela qual cada objecto está no seu lugar próprio. Quando cada objecto está no seu lugar próprio, é uma sala ordenada; uma sala ordenada é um estado de baixa probabilidade.

Boltzmann, que acreditava nos átomos muito antes de vários dos seus contemporâneos, exprimiu a entropia explicitamente em termos de ordem-desordem, isto é, em termos de probabilidades. Einstein formulou exactamente a mesma pergunta: qual é a mudança na entropia quando uma amostra de gás, composta de átomos movendo-se aleatória e independentemente, é retirada de um volume V_0 para um volume menor V? Para responder nos termos de Boltzmann, Einstein tinha de perguntar: qual é a probabilidade de todos os átomos de um gás, contidos num grande volume V_0, se encontrarem de repente numa pequena porção de V_0 com o volume V? A resposta é $(V/V_0)^N$, em que o expoente N é o número de átomos individuais discretos na amostra. Através do Princípio de Boltzmann, o resultado de Einstein passou de V/V_0 para $(V/V_0)^N$. Quando este último resultado é incorporado na expressão para a mudança na entropia de uma amostra de gás quando o seu volume muda de V_0 para V, traz consigo o expoente N, um elemento intrínseco de descontinuidade.

Até aqui, Einstein empregou informação acerca da entropia de gases e radiação que era geralmente conhecida entre cientistas. O Princípio de Boltzmann era novo, mas era conhecível e estava acessível a Einstein. Daqui por diante, porém, Einstein foi guiado pela sua própria intuição. Com invulgar ousadia, seguiu em frente.

Primeiro, Einstein pressupôs tacitamente que poderia aplicar a uma amostra de radiação a mesma abordagem probabilística que utilizara para o gás. Em segundo lugar, dado que as entropias de uma amostra de gás e as de uma amostra de radiação, determinadas pelo método padrão mais antigo, dependiam dos seus volumes de maneiras exactamente iguais, ele pressupôs que as entropias, determinadas pela abordagem probabilística mais recente, de Boltzmann, também dependeriam dos volumes do mesmo modo. Portanto, tendo em mente a relação $(V/V_0)^N$, ele formulou para a radiação a mesma pergunta que fizera para os gases: se a radiação, com uma energia total E, estiver contida num volume V_0, qual é a probabilidade de que toda a energia da radiação se encontre subitamente contida numa pequena parte do volume de V_0, ou seja, num volume menor V? Por analogia com o seu resultado para os gases, Einstein intui que a probabilidade é $(V/V_0)^n$, em que um novo expoente n substitui o anterior expoente N. N é o número de átomos discretos; n, afirmou Einstein, é o número de *quanta* de luz discretos. Cada *quantum* de luz (fotão), prossegue Einstein, possui uma energia igual a hv (Einstein não usou o símbolo h, mas uma colecção de constantes que perfazem h. Utilizo aqui o h pela simplicidade e porque é mais conhecido). Em termos de fotões, a energia total da amostra de radiação é a energia de cada *quantum*, hv, multiplicada pelo número total de *quanta* presente, n, ou $E = nhv$, em que h é a constante de Planck e v é a frequência da luz[12]. Einstein escreve então:

> Daqui concluímos: ... radiação ... comporta-se termodinamicamente como se consistisse em *quanta* de energia mutuamente independentes de magnitude $R\beta v/N$. [$R\beta v/N$ equivale a hv].([13])

Podia Einstein terminar o seu artigo de Março com este resultado espantoso? Ele não provou a sua hipótese de que a luz era corpuscular. E ele sabia-o: o «como se» reconhece tacitamente a falta de prova. Como é evidente, Einstein não podia terminar o artigo com essa conclusão infundamentada porque ele não tinha cumprido a promessa do título: «um ponto de vista heurístico». De facto, Einstein continua, para demonstrar que existem boas razões para aceitar a sua conclusão. Ele continua, para demonstrar que uma visão da luz como partícula podia resolver enigmas notáveis: a Regra de Stoke, o efeito fotoeléctrico, e a ionização gasosa.

Das três aplicações que Einstein faz para demonstrar o valor «heurístico» da sua teoria corpuscular da luz, é o efeito fotoeléctrico o que é mais identificado com o artigo de Março. Quando a luz brilha num metal, os electrões, chamados fotoelectrões, podem ser emitidos da superfície metálica. Às vezes são emitidos; às vezes não. Experiências com o efeito fotoeléctrico deram alguns resultados específicos, publicados em 1902. Por exemplo, a luz clara ao brilhar num metal emite um número de electrões maior do que a luz fraca, mas, surpreendentemente, a energia cinética dos electrões emitidos não se altera com as mudanças na claridade da luz. Por fim, para qualquer metal específico, iluminado por uma fonte de luz particular, as energias cinéticas dos electrões emitidos nunca excedem um determinado máximo. Essas observações não podiam ser explicadas pelos físicos que sustentavam o modelo ondulatório para a luz.

A teoria corpuscular da luz de Einstein aplicada ao efeito fotoeléctrico foi magnificamente bem sucedida e invulgarmente simples. Das três aplicações que ele fez, o efeito fotoeléctrico forneceu a prova mais convincente da concepção corpuscular da luz de Einstein.

O efeito fotoeléctrico foi descoberto em 1887 por Heinrich Hertz, ironicamente o mesmo senhor que provou que a luz eram ondas electromagnéticas. Mas para o efeito fotoeléctrico, as ondas contínuas não servem. Como escreveu Einstein:

A concepção habitual, de que a energia da luz se distribui continuamente no espaço pelo qual viaja, encontra dificuldades especiais quando se tenta explicar os fenómenos fotoeléctricos ... Segundo a ideia de que a luz incidente consiste em *quanta* de energia, ... a produção de raios catódicos [fotoelectrões] pela luz pode ser concebida do seguinte modo. A camada da superfície do corpo é penetrada por *quanta* de energia cuja energia é convertida, pelo menos parcialmente, na energia cinética dos electrões. A concepção mais simples é a de que um *fotão* transfere toda a sua energia para um único electrão; vamos partir do princípio de que isso pode acontecer.([14])

A teoria ondulatória da luz falha assim que a luz embate na superfície de um metal. No cerne, o problema é uma vez mais o da continuidade contra a descontinuidade. As experiências demonstraram mais tarde que, no efeito fotoeléctrico, os electrões são emitidos imediatamente de uma superfície de metal. Uma onda de luz não pode fazer isso. Dito de modo simples, uma onda de luz, com a sua energia continuamente distribuída por toda a onda, não transporta energia suficiente naquela minúscula porção da onda que entra efectivamente em contacto com determinado electrão na superfície do metal para o expulsar instantaneamente daí. A energia contínua a incidir em electrões descontínuos falha no efeito fotoeléctrico. Porém, quando a energia da luz está concentrada numa única partícula – um único *fotão* – esse fotão pode chocar directamente com um electrão, transmitir-lhe directamente toda ou parte da sua energia, e despachá-lo imediatamente para fora do metal. A energia descontínua a incidir em electrões descontínuos dá resultado.

O tratamento por Einstein do efeito fotoeléctrico não só explicava todos os factos conhecidos sobre este, como também previa novos factos. Quando a luz é considerada como sendo partículas, com cada partícula a transportar uma energia, $\varepsilon = h\nu$, então a energia cinética dos electrões emitidos devia aumentar directamente à medida que aumenta a frequência da luz incidente; devia existir uma frequência de corte, isto é, uma frequência mínima abaixo da qual a luz fosse incapaz de emitir electrões.

Quando Einstein completou a parte formal do seu artigo concluindo que a luz se comporta «como se» consistisse em *quanta*, ele não conseguiu o seu objectivo; no entanto, com a aplicação da sua visão corpuscular da luz ao efeito fotoeléctrico, as partículas de luz de Einstein ganharam uma vantagem heurística.

A reacção

A aplicação de Einstein do efeito fotoeléctrico foi mais do que bem sucedida. Ele antecipou características qualitativas e quantitativas do efeito fotoeléctrico cujos pormenores só mais tarde se tornaram conhecidos. Por exemplo, a energia das partículas de luz de Einstein aumenta com a frequência da luz: as partículas de luz violeta de alta frequência (grande v) transportam mais energia que as partículas de luz vermelha de baixa frequência (pequeno v). Isto significa que à medida que a cor muda de ultravioleta para violeta, para verde, para vermelho, para infravermelho (frequência decrescente), há um limite a dado ponto, quando a energia da partícula de luz se torna demasiado pequena para emitir um electrão. A «frequência de corte» foi por fim verificada experimentalmente. A velocidade com que o electrão deixa o metal deveria aumentar em directa proporção à energia da partícula de luz, ou seja, à sua frequência. Fora demonstrado qualitativamente que as velocidades dos electrões variavam com diferentes fontes de luz, mas as previsões exactas de Einstein viriam a ser verificadas quantitativamente. Na verdade, nada teve de ser alterado no artigo de Março.

A aplicação de um modelo corpuscular da luz ao efeito fotoeléctrico foi de facto, como referido, bem sucedida e simples. Hoje em dia o efeito fotoeléctrico demonstra convincentemente uma concepção corpuscular da luz. Mas não em 1905. Os físicos de então recusar-se-iam durante anos a mudar de ideias quanto à sua dedicação a uma teoria ondulatória da luz.

A 6 de Julho de 1907, Max Planck escreveu a Einstein:

> Procuro o significado dos *quanta* de acção [*quanta* de luz] elementares não no vazio, [o domínio das ondas de luz contínuas],

mas em pontos de absorção e de emissão, e acredito que os processos no vácuo são *fielmente* descritos pelas equações de Maxwell. Pelo menos por enquanto, não vejo qualquer razão convincente para me afastar do pressuposto que, de momento, me parece o mais simples, e que caracteristicamente exprime o contraste entre éter e matéria. ([15])

E ouçamos Planck seis anos depois, em 1913, durante o discurso em que nomeou Einstein membro da Academia de Ciências Prussiana em Berlim: «Que às vezes, por exemplo na sua hipótese dos fotões, ele possa ter ido longe de mais nas suas especulações, não lhe deve ser censurado em demasia, pois sem a aventura ou o risco ocasionais nenhuma inovação genuína pode ser conseguida, mesmo nas ciências exactas»([16]). Oito anos depois da publicação do «ponto de vista heurístico» de Einstein, Planck ainda o rejeitava.

Uma recusa ainda mais dramática aconteceu em 1916. Numa série de experiências, Robert A. Millikan confirmou de forma definitiva todas as propriedades previstas do efeito fotoeléctrico resultantes do artigo de Março de Einstein. Havia uma frequência de corte; a energia cinética dos electrões emitidos aumentava directamente com o aumento da luz incidente. Millikan ficou satisfeito? Não, ficou contrariado. Onze anos depois do artigo de Março, Millikan publicou os seus resultados experimentais que confirmavam as previsões de Einstein. Escreveu: «Somos confrontados, porém, pela situação surpreendente de estes factos terem sido vaticinados correcta e exactamente há nove anos por uma forma de teoria dos *quanta* agora praticamente abandonada»([17]). Nesse mesmo artigo, Millikan também caracterizava o artigo de Einstein como uma «hipótese ousada, para não dizer irreflectida, de um corpúsculo de luz electromagnética de energia $h\nu$ que ... não resiste perante factos da interferência meticulosamente comprovados»([18]). Um ano mais tarde, depois de reconhecer novamente que «a equação de Einstein parece-nos predizer exactamente todos os factos observados»([19]), Millikan prossegue:

> Apesar então do aparente êxito total da equação de Einstein [para o efeito fotoeléctrico] a teoria física na qual foi concebida para ser a expressão simbólica é tão indefensável que o próprio Einstein, julgo

eu, já não a defende, e encontramo-nos na situação de ter construído uma estrutura muito perfeita e depois suprimido inteiramente o escoramento sem fazer ruir o edifício. Está completa e aparentemente bem verificada, mas sem quaisquer meios de sustentação visíveis. Essa sustentação deve obviamente existir, e o problema mais fascinante da física moderna é encontrá-la. A experiência foi mais depressa do que a teoria, ou melhor, guiada por uma teoria errada, descobriu relações que parecem do maior interesse e importância, mas por enquanto as razões para elas não estão de todo compreendidas».([20])

Millikan estava enganado ao rejeitar a teoria corpuscular da luz de Einstein, e também estava enganado em relação a Einstein. Um ano antes da afirmação de Millikan sobre Einstein ter abandonado a teoria dos fotões, este escreveu uma carta a Michele Besso na qual dizia que a existência dos «fotões é praticamente certa»([21]).

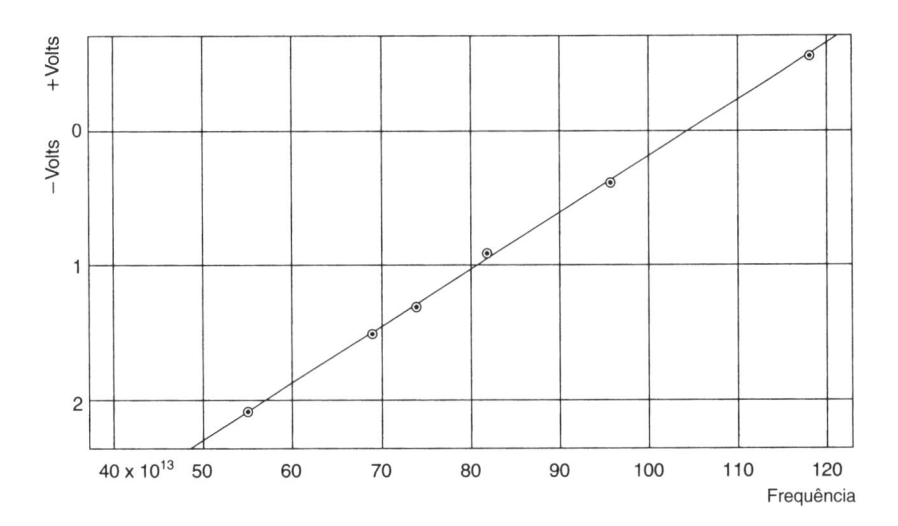

A linha direita (com uma inclinação de h) é prevista pela teoria de Einstein. Os pontos rodeados são pontos de dados conforme a medição de Robert Millikan. Os pontos de dados experimentais dispõem-se directamente ao longo da linha, de acordo com a teoria de Einstein.

A confiança de Einstein não era estimulada pelo apoio de outros físicos. Até Niels Bohr, um dos firmes defensores do *quantum*, falou contra os fotões na sua comunicação do Prémio Nobel de

1922: «A hipótese dos fotões ... não é capaz de esclarecer a natureza da radiação»([22]). Compare-se a afirmação de Bohr com a primeira previsão de Einstein da dualidade onda-partícula em 1909:

> Já procurei anteriormente demonstrar que os nossos fundamentos actuais da teoria da radiação têm de ser abandonados... Sou da opinião que a próxima fase no desenvolvimento da física teórica nos trará uma teoria da luz que pode ser interpretada como uma espécie de fusão da teoria ondulatória e da teoria [corpuscular]... [A] estrutura da onda e [a] estrutura do *quantum* ... não devem ser consideradas incompatíveis.([23])

Só em 1923, com o trabalho de Arthur Compton na Universidade de Washington em St. Louis, é que a noção de partícula de luz de Einstein se tornou inegavelmente óbvia para os físicos. Nas suas experiências reveladoras, Compton propôs-se estudar como os raios X e os raios Gama são dispersados pela matéria([24]). Os raios Gama e os raios X são luz de frequência muito alta e, a acreditar em Einstein, partículas de raio X de energia muito alta. Compton descobriu que quando os raios X «atingem» um electrão, sucede uma colisão exactamente igual à colisão entre duas bolas de bilhar. A experiência de Compton forneceu provas convincentes para os físicos e, após dezassete anos, a ideia básica do *quantum-luz* (fotão) de Einstein tornou-se respeitável.

Os físicos contemporâneos encaram o efeito fotoeléctrico como um testemunho tão nítido da natureza corpuscular da luz que se referem geralmente ao artigo de Março como «o artigo do efeito fotoeléctrico». Podiam referir-se-lhe, com igual precisão, como o artigo «da Regra de Stoke». Como muitas vezes sucede, porém, a história invocada pelos físicos é por vezes enganadora, e este é um exemplo disso. O artigo de Março foi o artigo da «teoria corpuscular da luz». A importância da teoria corpuscular da luz vai muito além do efeito fotoeléctrico – este apenas forneceu provas a favor dela.

Em 1926, um ano antes de ser completada a teoria da mecânica quântica, Gilbert N. Lewis introduziu o termo «fotão», que posteriormente se tornou o nome da partícula de luz de Einstein. Com a conclusão da mecânica quântica, o fotão logo se tornou indispensável. Na teoria quântica dos campos e na electrodinâmica quântica (EDQ), o fotão é o meio através do qual as cargas eléctricas interagem mutuamente; em resumo, o fotão é o mediador das forças electromagnéticas. Um século depois de Einstein ter feito a audaciosa sugestão de que a luz é uma partícula, o fotão desempenha vários papéis na física. Hoje, a partícula de luz de Einstein é indispensável.

Einstein submeteu o seu artigo de Março aos editores de *Annalen der Physik* no dia 17 daquele mês. Perto do fim da vida, ainda estava a pensar em fotões. Numa carta a Besso, Einstein confessou que ao fim de 50 longos anos de «meditação consciente» sobre a questão «o que são fotões?» ele não estava mais próxima da resposta[26].

Eine neue Bestimmung der Moleküldimensionen*

A. Einstein

A tese de doutoramento de Einstein foi completada a 30 de Abril de 1905, mas não foi publicada até 1906. Deu à estampa em *Annalen der Physik*, volume 19, páginas 289-305.

---

* Uma Nova Determinação das Dimensões Moleculares [A New Determination of Molecular Dimensions].

Albert Einstein em 1929, ano em que recebeu a Medalha Planck.

Abril

Dimensões Moleculares

Para avaliar a tese de doutoramento de Einstein, ela deve ser examinada no contexto da sua época e no contexto do artigo de Maio. O célebre artigo de Maio é sempre incluído no rol dos grandes artigos que pareciam jorrar de Einstein durante o seu ano prodigioso. O seu artigo de Abril, porém, é muito ignorado. Essa é uma desatenção infeliz, por vários motivos. Primeiro, porque o artigo de Abril converge directamente para o artigo de Maio. Segundo, a sua tese revela um aspecto da mente de Einstein que não é aparente nos restantes artigos; ela mostra um lado diferente de Einstein. Por fim, existe uma vertente de interesse humano na tese de Einstein: a sua via para uma tese aceitável para as autoridades quase terminou num fracasso.

Einstein concluiu a sua tese a 30 de Abril, mas demorou quase três meses a submetê-la à Universidade de Zurique. Há uma possível explicação para essa demora de um trimestre. É bem possível que entre Abril e Maio Einstein tivesse abandonado a esperança de obter um doutoramento e considerasse o seu artigo de Abril como outro artigo qualquer. Com efeito, dois anos antes, ele tinha essencialmente desistido da sua tentativa de obter um grau avançado. A 22 de Janeiro de 1903 ele escreveu ao seu amigo Michele Besso: «Não vou fazer um doutoramento, porque de pouco me valeria, e toda essa comédia tornou-se aborrecida»([1]).

Seria realmente uma comédia a sua vontade de ter um doutoramento? Só se a comédia se torna um meio de lidar com o infortúnio prolongado e o desapontamento. Em Outubro de 1900, Einstein começou uma tese no laboratório do Professor Heinrich Weber no Politécnico de Zurique, sobre o efeito termoeléctrico de Thompson. Por razões desconhecidas, este esforço de investigação não deu resultados e a sua primeira tentativa de tese foi um desaire. Depois dela, e sem supervisão aparente, ele começou a trabalhar numa segunda tese, desta vez sobre forças atractivas entre as moléculas nos líquidos, e em Novembro de 1901 submeteu-a ao Professor Alfred Kleiner, na Universidade de Zurique. A 28 de Novembro escreveu a Milena Maric, sua futura mulher, «que ele não se atreverá a recusar a minha tese»([2]). Mas a sua tese foi recusada, e três meses depois as propinas do processo foram-lhe devolvidas.

O aborrecimento de Einstein em 1903 não foi permanente; contudo, houve mais dois actos na comédia da tese. No Verão de 1905, ele pôs novamente em marcha os mecanismos do doutoramento ao submeter uma tese. Segundo a sua irmã, Maja Einstein, ele submeteu primeiro o artigo que concluíra recentemente sobre a teoria da relatividade (o artigo de Junho). Foi rejeitado. Maja sugeriu que o terceiro fracasso do seu irmão se deveu ao facto de o conteúdo do artigo sobre a relatividade ter «parecido um pouco estranho aos professores examinadores»([3]). Com esta terceira recusa, a comédia aproxima-se de um final.

No Verão de 1905, Einstein dispunha de uma profusão de candidatos a potenciais teses: os artigos de Março, Abril, Maio e Junho. Com o artigo de Junho rejeitado, Einstein escolheu o seu primeiro artigo, de Abril, que, pensou, não continha quaisquer ideias novas ou perturbadoras que pudessem ofender os professores. Além do seu conteúdo estranho, o artigo de Junho sobre a relatividade era totalmente teórico. Em 1905 a física teórica tinha algo de novidade. Muitos físicos ainda pensavam que toda a física devia ser experimental. Por isso Einstein fez uma escolha estratégica: o artigo de Abril não era especulativo, e estava directamente relacionado com a experimentação. A 20 de Julho de 1905 apresentou novamente uma tese a Alfred Kleiner, da faculdade de Zurique. Kleiner fê-la circular entre os membros da faculdade de física, juntamente com os seus comentários: «Os argumentos e cálculos contam-se entre os mais difíceis na hidrodinâmica, e só podem ser abordados por alguém que possua compreensão e talento para o tratamento de problemas matemáticos e físicos, e parece-me que Herr Einstein deu provas de que é capaz de se dedicar com êxito aos problemas científicos»([4]). Nesta altura da saga da tese de Einstein, sucede o último acto da comédia. Antes ou depois de ter feito circular a tese, Kleiner devolve-a a Einstein, porque fora considerada demasiado breve. Segundo Einstein, ele acrescentou-lhe uma frase, posto o que foi imediatamente aceite (há alguma incerteza quanto a este último passo na história da tese: ao que parece, Einstein contou esta história ao seu biógrafo Carl Seelig). Deve ter-se ouvido o riso de Einstein quando desceu o pano sobre a comédia de cinco anos.

No contexto global da obra de Einstein, a sua tese tem um lugar à parte. Os artigos profissionais de Einstein caracterizam-se pelas suas intuições penetrantes sobre temas fundamentais, a sua chegada a essas intuições por uma via engenhosa, e a sua expressão dessas intuições por meios formais muitas vezes simples. Os artigos de Einstein baseavam-se muitas vezes em sistemas físicos idealizados, e não conduziam rapidamente a aplicações práticas. Com poucas excepções, os seus artigos não eram altamente matemáticos. Por contraste, na sua tese ele concentrou-se numa solução transparente que exigia uma matemática considerável e que, como Kleiner dera a entender, envolvia cálculos «difíceis». Se bem que o artigo de Abril demonstrasse a visão penetrante de Einstein, e embora houvesse nele certamente aspectos inteligentes, a sua abordagem era vigorosa, às vezes até enérgica. Por último, a sua tese tem um lugar à parte porque estimulava numerosas aplicações práticas, o que explica por que é um dos artigos mais citados de Einstein.

A tese também preparou o caminho para o artigo de Maio. Os conceitos básicos que Einstein empregou em Abril foram de novo usados no mês seguinte. Apenas dez dias depois de terminar o artigo de Abril, ele apresentou para publicação o seu artigo de Maio sobre o movimento browniano.

O contexto

A ideia de que tudo o que é material se compõe de átomos parece incontestavelmente antiga. É verdade que o atomismo, a noção de que a matéria consiste em entidades irredutíveis chamadas átomos, remonta aos Gregos antigos. De facto, desde que Leucipo e o seu aluno Demócrito propuseram a ideia dos átomos no século V a.C., os átomos ficaram a pairar nos cérebros dos cientistas – às vezes no centro do palco, outras vezes à margem. Contudo, a noção de átomos é uma coisa; uma demonstração empírica, cientificamente convincente dos átomos é outra, muito diferente. No início do século XIX, os químicos tiveram êxito no estabelecimento de leis pelas quais os elementos químicos se combinam para formar as moléculas. O trabalho de John Dalton, por exemplo, implicava fortemente a existência de átomos. Contudo, tais provas por inferência não eram razão suficiente para que alguns cientistas – químicos e físicos – adoptassem uma perspectiva atómica da matéria. Só nos primeiros anos do século XX se concretizou uma teoria atómica assente em provas experimentais conjugadas com construções teóricas coerentes. Em 1905, apesar das descobertas da radioactividade e do electrão, alguns cientistas conceituados continuavam a considerar insuficientes as provas em favor dos átomos para justificar a crença neles.

Poderíamos supor que os antiatomistas eram cientistas menores. Não eram. Com efeito, os que não aceitavam o conceito de átomos formavam um grupo reduzido mas impressionante, que incluía, entre outros, os químicos Marcellin Berthelot (1827-1907), Wilhelm Ostwald (1853-1932, Prémio Nobel de 1909), Jocobus Hendricus Van't Hoff (1852-1911, Prémio Nobel de 1901), o físico Ernst Mach (1838-1916) e o matemático e físico Henri Poincaré (1854-1912). Alguns opunham-se firmemente, outros menos. A questão para eles era dupla. Em primeiro lugar, havia escassas provas que os cépticos encarassem como substitutos aceitáveis para a observação directa dos átomos. Em segundo, existiam perspectivas filosóficas muito convictas sobre o que constituía a ciência correcta. A posição dos antiatomistas era a de que a ciência se devia basear exclusivamente em factos empíricos concretos; as ideias conceptuais e as hipóteses, achavam eles, corrompiam a ciência e, por conseguinte, deviam ser eliminadas do cânone científico. Em princípio, pensavam, os átomos nunca poderiam ser vistos, e por isso permaneceriam sempre uma construção hipotética. Logo, os átomos eram inaceitáveis.

Einstein não podia ver os átomos, mas acreditava neles. Nessa crença, ele implicitamente discordava da posição filosófica dos que, como Ernst Mach, rejeitavam a teoria atómica da matéria. Mais tarde, nas suas «Notas Autobiográficas», Einstein descreveu a influência das atitudes filosóficas na ciência:

> A antipatia daqueles cientistas perante a teoria atómica pode sem dúvida explicar-se pela sua atitude filosófica positivista. Este é um exemplo interessante de como até os estudiosos de espírito audaz e instinto apurado podem ser impedidos de interpretar os factos por preconceitos filosóficos. O preconceito – que de forma alguma se extinguiu entretanto – consiste na crença de que os factos em si podem e devem produzir conhecimento científico sem uma construção conceptual livre.([5])

Einstein rejeitava essa filosofia exclusivamente baseada no facto. Tal filosofia constrangia a mente criativa que, acreditava ele, era capaz de desenvolver leis gerais que fossem além da descrição dos factos conhecidos e que, no processo, conduzissem a novos conhecimentos.

Durante algum tempo Einstein pensara sobre átomos, e em como demonstrar a sua existência de maneira convincente. Numa carta de 17 de Março de 1903 para Michele Besso, ele perguntava: «Já calculaste o tamanho absoluto dos iões no pressupostoo de eles serem esferas e suficientemente grandes para permitir a aplicação de equações da hidrodinâmica de líquidos viscosos?»([6]) Nesta carta, Einstein descrevia exactamente o que faria dois anos depois na sua tese.

O assunto da tese de doutoramento de Einstein confirmava a sua crença na teoria atómica. Mais ainda, a tese demonstrou o seu desejo de fornecer novas provas que pudessem reforçar a perspectiva atómica. Quando Einstein propôs uma natureza corpuscular da luz no seu artigo de Março, ele colocou-se em oposição a praticamente toda a comunidade científica. Havia uma sólida unanimidade quanto à natureza da luz, e a perspectiva quântica de Einstein foi quase unanimemente rejeitada. O seu apoio à hipótese atómica, contudo, não o deixou numa posição isolada. Em 1905, a maioria dos cientistas tinha aceite os átomos como base do mundo material. Só restavam alguns cépticos. Foi a tese de Einstein e a sua sequela, o artigo de Maio, que silenciou as vozes dos cépticos do átomo.

O artigo de Abril de 1905

Por comparação aos outros artigos de Einstein em 1905, o de Abril tem os pés bem assentes no chão. Não há alusões a grandes temas como a continuidade e a descontinuidade. Não há qualquer contradição identificada que desafiasse uma teoria física existente. Não há alusões a equívocos fundamentais.

A primeira frase do artigo de Abril é a seguinte:

> As primeiras determinações dos tamanhos reais das moléculas foram tornadas possíveis pela teoria cinética dos gases, ao passo que os fenómenos físicos observados nos líquidos não serviram até agora para determinar os tamanhos moleculares.([7])

Usando amostras gasosas, tinha-se determinado que o diâmetro dos átomos se encontrava no intervalo de 1 a 4 Angstroms (1 Angstrom = 1×10^{-8} centímetros [cm]). Visto que vários átomos se juntam para formar moléculas, as suas dimensões seriam maiores. Einstein procurou determinar o tamanho molecular em líquidos.

No primeiro parágrafo do artigo, ele descreve a sua estratégia:

> Demonstrar-se-á neste artigo que o tamanho das moléculas das substâncias dissolvidas numa solução diluída não dissociada pode ser obtido a partir da fricção interna [viscosidade] da solução e do solvente puro, e da [proporção de] difusão da substância dissolvida dentro do solvente.([8])

As palavras-chave são viscosidade e difusão. Todos os líquidos (e gases) possuem uma propriedade chamada viscosidade que é expressa em coeficiente de viscosidade. A viscosidade de um líquido é a medida da resistência com que um objecto depara ao mover-se nele. O melaço é mais viscoso do que a água. A difusão ocorre quando há uma concentração desigual de uma substância dissolvida num líquido (ou gás). A substância dissolvida difunde-se de uma região de concentração alta para uma região de concentração mais baixa.

Os líquidos são inerentemente desordenados; são complicados e sem hipóteses simplificadoras, desafiam a análise quantitativa. Mas foi para um líquido que Einstein dirigiu a sua atenção para o tópico da sua tese. Mais concretamente, ele considerou uma solução na qual um material fosse dissolvido num líquido puro. Graças a dados que tinha disponíveis, Einstein aplicou os resultados da sua análise a uma solução de açúcar dissolvido em água. A pergunta que ele queria responder era: «Qual é a dimensão da molécula de açúcar»?

Primeiro, Einstein considerou a viscosidade. Ele imagina a molécula de açúcar como pequenas bolas redondas. Cada bola de açúcar está rodeada de água, e essas bolas imaginárias percorrem a água. Mas as moléculas de açúcar não deslizam livremente na água. Tal como a fricção dificulta o movimento de um livro a deslizar pelo chão, a viscosidade da água dificulta o movimento de uma molécula de açúcar.

Einstein dividiu o problema em dois. Primeiro, na sua imaginação, ele considerou o fluxo de moléculas num líquido puro. Se a pressão estática do líquido aumenta, digamos, da direita para a esquerda, o líquido mover-se-á para a região de baixa pressão, da esquerda para a direita. Este movimento das moléculas do líquido da esquerda para a direita vai ser contrariado pela viscosidade do líquido. A viscosidade de um líquido pode ser medida e o resultado da medição é designado o coeficiente de viscosidade do líquido.

Depois, Einstein imaginou que se adicionava açúcar na água. É claro que o açúcar se dissolveria na água e a sua adição iria alterar a viscosidade da água pura. Einstein criou várias hipóteses para simplificar a análise. Por exemplo, supôs que relativamente poucas moléculas de açúcar se dissolvessem na água; por outras palavras, era uma solução diluída. Ele partiu do princípio de que as moléculas de açúcar podiam ser considerada esferas, maiores do que as moléculas de líquido que as rodeavam. Há aqui alguma ironia: o seu objectivo era determinar o tamanho das moléculas de açúcar discretas, mas ao considerar as moléculas de água pequenas em comparação com as do açúcar, ele efectivamente encarou a água circundante como um meio contínuo – descontinuidade na continuidade.

Guiado por essas hipóteses simplificadoras, Einstein considerou o fluxo de moléculas de açúcar, supostamente esféricas, através do líquido. Mais uma vez, as esferas mover-se-ão pelo líquido em resposta a uma variação de pressão, e esse movimento será dificultado pela viscosidade. Porém, como se disse, a viscosidade com as esferas dissolvidas no líquido é diversa da do líquido puro. Einstein conseguiu estabelecer uma relação entre as duas viscosidades em termos do volume total ocupado pelas moléculas dissolvidas.

A relação que Einstein estabeleceu entre as duas viscosidades continha duas incógnitas. As duas viscosidades podiam ser medidas. As incógnitas na relação de Einstein eram o número de Avogadro(*), que em 1905 não era conhecido com muita precisão, e o raio das esferas dissolvidas (as moléculas de açúcar), que era o que Einstein queria saber.

Neste ponto, Einstein tinha uma relação com duas viscosidades mensuráveis e duas incógnitas. Como os estudantes de álgebra sabem, uma equação com duas incógnitas não as pode determinar. Era necessária uma segunda equação, com as mesmas duas incógnitas.

A seguir à viscosidade, Einstein considerou a difusão. Vou primeiro dar um exemplo de difusão. Se um frasco de perfume fortemente aromático for destapado numa sala pequena, o odor do perfume será rapidamente perceptível pela sala. Isso deve-se à difusão. As moléculas de perfume estão mais concentradas acima do frasco e difundem-se do frasco (concentração alta) para outras partes da sala (concentração mais baixa). O processo de difusão continua até a concentração de moléculas de perfume ser uniforme através da sala.

Voltemos ao artigo de Abril. Mais uma vez, considere-se uma solução diluída de açúcar dissolvido em água. As moléculas de açúcar são grandes em comparação às moléculas da água. Einstein imaginou uma força que actuasse nas moléculas de açúcar, e que actuasse para a esquerda. Em resultado dessa força actuante para a esquerda, as moléculas de açúcar irão mover-se nessa direcção e, à medida que o fizerem, a sua concentração aumentará na esquerda relativamente à direita. Com a concentração de açúcar a subir da

---

(*) Assim designado em honra de Amedeo Avogadro. Trata-se de uma constante física que representa uma mole de entidades elementares. Conhecendo-se a constante de Avogadro e a massa atómica de um determinado elemento, é possível calcular a massa em quilogramas de um átomo isolado. (N. R.)

direita para a esquerda, a difusão de moléculas de açúcar terá lugar da esquerda para a direita, isto é, da alta para a baixa concentração. Pode-se imaginar uma situação de equilíbrio em que o número de moléculas de açúcar a mover-se para a esquerda (devido à força aplicada) iguale o número de moléculas de açúcar que se move para a direita (devido à difusão). A partir desta condição de equilíbrio, Einstein conseguiu determinar o coeficiente de difusão para moléculas de açúcar na água.

Pode medir-se o coeficiente de difusão para uma solução de açúcar. A expressão de Einstein para o coeficiente de difusão apresentava novamente duas incógnitas: o número de Avogadro e o raio das moléculas de açúcar dissolvidas. Dado que o coeficiente de viscosidade e o coeficiente de difusão podiam ser determinados experimentalmente, Einstein tinha duas equações e duas incógnitas que resolveu com facilidade. Ele determinou que N = número de Avogadro = $2,1 \times 10^{23}$ e que o raio da molécula de açúcar dissolvido era $9,9 \times 10^{-8}$ cm.

Em 1905 o número de Avogadro não era conhecido com grande precisão, mas todos os métodos para o determinar giravam à volta de 10^{23}, por isso, o valor teórico de Einstein era bastante razoável. Também o seu resultado para o tamanho das moléculas de açúcar estava de acordo com outras estimativas do tamanho molecular. A 30 de Abril de 1905, Einstein tinha todos os motivos para estar confiante nos seus resultados.

A reacção

A tese de Einstein foi aceite no Verão de 1905, e com isso o Sr. Einstein tornou-se Dr. Einstein. A história da tese de Einstein, porém, ainda não acabara. Quando ela foi aceite pelos professores na Universidade de Zurique, ele mandou-a para o editor de *Annalen der Physik*, para ser publicada. No entanto, tal só aconteceria no ano seguinte. O editor, Paul Drude, sabia de alguns dados de viscosidade e difusão mais precisos que os que Einstein tinha utilizado na sua tese. Usando a sua prerrogativa editorial, Drude pediu a Einstein que recorresse aos dados melhorados. Einstein fê-lo numa adenda ao manuscrito original, e o artigo foi publicado.

Em 1909, Jean Perrin, um físico francês, trabalhava nas implicações do artigo de Maio sobre o movimento browniano e escreveu a Einstein para lhe fazer uma pergunta. Einstein remeteu-o para a sua tese, o artigo de Abril, que estava disponível na revista *Annalen der Physik*. Perrin pôs um estudante, Jacques Bancelin, a trabalhar numa experiência que se baseava na tese de Einstein. Mas em vez de usar açúcar, Bancelin suspendeu na água glóbulos microscópicos de mástique, de que se sabia a medida do raio, preparados com precisão. Quando Bancelin comparou os seus resultados com a teoria de Einstein, havia uma discrepância. Em resposta, Einstein repetiu os seus cálculos, não conseguiu encontrar qualquer erro, e foi incapaz de resolver a discrepância. Pediu a um físico de Zurique, Ludwig Hopf, que examinasse os seus cálculos, para ver se havia erros. Hopf encontrou um engano, que Einstein corrigiu e enviou ao editor de *Annalen der Physik*, com os resultados experimentais obtidos por Bancelin. No final, a teoria apresentada na tese de Einstein e os melhores dados experimentais disponíveis concordavam harmoniosamente. E com isso finalmente a tese era um caso arrumado.

A tese de Einstein forneceu uma maneira de determinar as dimensões moleculares num líquido. Isso em si, ou por si, não possibilitou aos cépticos do átomo ver ou tocar um átomo ou uma molécula. No entanto, trouxe provas adicionais, desta vez provas de líquidos, para a teoria atómica. Mais significativamente, o artigo de Maio sobre o movimento browniano descende directamente da sua tese e, como veremos, quando se consideram os artigos de Abril e Maio em conjunto, a defesa do átomo torna-se convincente.

Conforme já se referiu, o artigo de Abril tinha um carácter mais aplicado que os outros artigos de 1905. Devido a isso, a teoria exposta na tese foi aplicada de muitas formas práticas, da análise do movimento das partículas de areia nas misturas de cimento ao movimento das micelas de caseína no leite de vaca e no movimento das partículas de aerossol nas nuvens([9]). Essas muitas aplicações significam que o artigo de Abril de Einstein é citado frequentemente. Um indicador da influência de um artigo científico é a frequência com que outros cientistas se lhe referem nos seus próprios artigos. Que artigos escritos antes de 1911, de todas as ciências, são mais vezes citados 50 anos mais tarde? Para o período de 14 anos entre 1961 e 1975, os 11 artigos mais vezes citados, escritos antes de 1911, incluem quatro de Einstein. O seu artigo de Abril foi terceiro na lista. Nenhum outro cientista teve dois artigos na lista. O quarto artigo é o de Maio, sobre o movimento browniano. Os outros dois artigos de Einstein na lista são de 1911 (quinto) e 1910 (décimo primeiro)[10].

Esta lista é surpreendente mas também enganadora. Surpreendente porque os artigos de Abril e de Maio não são com certeza tão bem conhecidos como o de Junho sobre a teoria da relatividade. E o artigo de Março foi certamente mais revolucionário do que os de Abril ou Maio. Porque é que não estão na lista os artigos de Março e Junho? Os artigos de Einstein sobre o *quantum* e a teoria da relatividade sustentam grande parte da física moderna. Como tal, são tão importantes que são tomados como certos. Quando um artigo é tão importante que podia ser citado em quase todos os artigos, é citado em quase nenhum. Isso explica porque é que os artigos de Março e Junho de Einstein não surgem na lista de citações.

O seu artigo de Abril, que à falta de outro veio a ser a sua tese, não surge a par do de Março nem do de Junho. Mas como base do artigo de Maio sobre o movimento browniano, ele está confortavelmente na companhia dos outros artigos de 1905.

Über die von der molekularkinetischen Theorie der Wärme gefordete Bewegung von in ruhenden Flussigkeiten suspendierten Teilchen[*]

A. Einstein

O artigo foi recebido pelo editor de *Annalen der Physik* a 11 de Maio de 1905, e publicado nesse mesmo ano em *Annalen der Physik*, volume 17, páginas 549-560.

---

[*] Sobre o Movimento – exigido pela Teoria Cinético-Molecular do Calor – de Pequenas Partículas Suspensas num Líquido Estacionário [Investigations on the Theory of the Brownian Movement]

Albert Einstein em 1932, o ano em que foi nomeado professor no Institute for Advanced Study em Princeton, Nova Jérsia. Inicialmente o seu plano era repartir o tempo entre Princeton e Berlim. Contudo, um ano mais tarde, trocou a Alemanha pelos Estados Unidos, chegando a Princeton a 17 de Outubro de 1933. Einstein viveu quase 22 anos nos Estados Unidos, mas em muitos aspectos permaneceu sempre um europeu.

Maio

«A ver» átomos

Einstein começa o seu artigo de Maio com esta frase:

Neste artigo demonstrar-se-á que segundo a teoria cinético-
-molecular do calor, corpos de tamanho microscopicamente visível
suspensos em líquidos devem, em resultado dos movimentos moleculares térmicos, produzir movimentos de tal magnitude que esses movimentos podem ser facilmente ser detectados ao microscópio.([1])

Quando se escreve para publicação numa revista científica, as palavras surgem habitualmente num estilo formal, insípido, e frequentemente aborrecido. Os artigos de Einstein eram formais, talvez insípidos, mas não eram certamente aborrecidos. Por trás da linguagem formal de Einstein na primeira frase deste artigo de Maio está uma imagem mental poderosa, baseada numa suposição que ele tinha como certa, mas que, em sentido mais estrito, não passava de uma suposição. Essa suposição era a de que toda a matéria consistia em átomos ou moléculas individualizadas. Einstein acreditava nisso. A imagem mental era a de um líquido sereno a encher um recipiente; contudo, a atenção de Einstein não se concentrava na sua serenidade externa, mas no seu caos interno. Via um caldeirão borbulhando de moléculas a moverem-se rapidamente em todas as direcções, chocando umas com as outras e colidindo com as paredes do recipiente. Mais importante ainda, as partículas de pólen, observáveis ao microscópio, estavam suspensas no líquido, e as moléculas líquidas invisíveis bombardeavam impie-
dosamente as partículas intrusas de pólen pondo-as em movimento por caminhos aleatórios e ziguezagueantes chamados movimento browniano. Era uma imagem empolgante.

No segundo parágrafo deste artigo, Einstein coloca as questões de forma directa:

Se for realmente possível observar o movimento de que falamos, bem como com as leis a que se espera que este obedeça, então a termodinâmica clássica não pode continuar a ser vista como estritamente válida, mesmo para espaços observáveis ao microscópio, e a determinação exacta das dimensões reais dos átomos torna-se possível. De forma inversa, se a predição deste movimento se revelasse errada, forneceria esse facto um argumento de peso contra a concepção cinético-molecular do calor.([2])

Uma vez mais as questões eram profundas. No artigo de Março Einstein tinha abordado a continuidade e a descontinuidade. No artigo de Maio são os átomos e a termodinâmica. Por um lado, se o movimento browniano *for* observado, como Einstein neste artigo de Maio tacitamente pressupõe que será, então a validade da termodinâmica é limitada. A termodinâmica, a teoria física que se ocupa geralmente de todos os fenómenos térmicos, é uma das grandes teorias da física. As três leis da termodinâmica estavam solidamente apoiadas pela experimentação. Limitar a validade absoluta da teoria termodinâmica estabelecida tem grandes implicações. Por outro lado se o movimento browniano *não* se observar, então a existência dos átomos fica em dúvida. Será a matéria constituída por átomos e moléculas, ou não? Fosse qual fosse o resultado, as consequências do artigo de Maio de Einstein eram de uma enorme significância para a física. Einstein pressentia as grandes questões e a aposta era alta.

O contexto

A carreira profissional de Einstein avançou por fases. Em 1905 estava a meio da primeira fase da sua carreira, ainda fora da comunidade dos físicos, a trabalhar no serviço de patentes em Berna, na Suíça. Em suma, o serviço de patentes não era um ambiente que levasse ao debate científico. Além disso, Einstein tinha apenas 26 anos em 1905 e era um desconhecido, portanto não recebia cartas de outros físicos bem estabelecidos que podiam tê-lo alertado para novos desenvolvimentos importantes. Por último, junte-se a esta mistura a inclinação de Einstein para trabalhar sozinho e torna-se claro por que é que as suas publicações habitualmente tinham tão poucas referências a bibliografia científica. Estes factos também explicam por que é que Einstein parecia não conhecer coisas que se esperaria que conhecesse.

O artigo de Maio de Einstein demonstra o seu afastamento da comunidade científica activa. Neste artigo Einstein cita apenas uma referência. Embora ele admitisse explicitamente conhecer a existência do movimento browniano, confessou também ter pouca informação sobre o mesmo. Para Einstein, o artigo de Maio era sobre «o movimento de pequenas partículas suspensas em líquidos imóveis», que, afirmava ele, poderia ser o movimento browniano. Só mais tarde é que o artigo de Maio de Einstein passou a ser chamado o artigo do movimento browniano.

O movimento browniano recebe o nome do botânico inglês Robert Brown. Este fenómeno, observado por outros antes de Brown, é o movimento aleatório ziguezagueante de partículas pequenas, como as partículas de pólen, que se observa quando estas estão suspensas num líquido. Como seria de esperar, o movimento em ziguezague não é visto a olho nu; é preciso um microscópio. Em 1828 Brown mostrou que estas partículas ziguezagueantes não eram organismos vivos. Antes das experiências de Brown, pensava-se que estas partículas móveis eram uma espécie de forma de vida, «animalúnculos» que se impeliam eles próprios através do líquido[3]. Brown espalhou matéria inorgânica finamente moída, como vidro, metais e rochas, num líquido, e observaram-se os mesmos movimentos irregulares das partículas inorgânicas. Se o movimento browniano não era de origem biológica, então as causas eram claramente físicas e era preciso encontrar uma explicação física.

Por que é que Einstein decidiu analisar o movimento das pequenas partículas suspensas num líquido? Para começar, Einstein acreditava nos átomos e viu neste movimento peculiar das partículas minúsculas uma forma de convencer os cientistas que ainda rejeitavam a ideia da existência dos átomos. Mas a sua abordagem deste fenómeno era também uma extensão lógica, tanto do seu artigo de Abril como do seu trabalho prévio sobre as flutuações estatísticas, assim como do seu trabalho anterior que implicitamente levantava questões fundamentais acerca da natureza da realidade física.

Segundo a teoria atómica, os átomos num gás ou líquido encontram-se em movimento aleatório incessante (nos sólidos, os átomos localizam-se em sítios particulares e os seus movimentos estão limitados à região imediatamente circundante desses sítios particulares). As propriedades observadas de um gás ou de um líquido são o produto da aleatoriedade invisível no comportamento dos seus átomos constituintes. Mais especificamente, as propriedades observadas de um gás são determinadas pelo *comportamento médio* dos seus átomos constituintes. Contudo, num sistema aleatório podem ocorrer flutuações durante as quais os elementos aleatórios que constituem o sistema mais amplo se afastam do seu comportamento médio. A atmosfera da Terra é um sistema cujo comportamento é motivado por um número de influências que são intrinsecamente aleatórias na sua natureza – incluindo o movimento aleatório das moléculas que constituem a atmosfera. Por exemplo, um número invulgar de moléculas na atmosfera pode mover-se para uma região localizada, o que tem como resultado uma região de alta pressão. Claro que o oposto pode acontecer e daí resultam regiões de baixa pressão. As regiões de alta pressão e baixa pressão vêm e vão. Quando a atmosfera tem um comportamento médio, observam-se padrões meteorológicos médios. Quando ocorre um longo período de condições climatéricas pouco habituais, uma série de dias com temperaturas muito acima ou abaixo da média, isto deve--se a uma flutuação.

Einstein percebeu que sendo a aleatoriedade uma consequência intrínseca da teoria atómica da matéria, as flutuações tinham de ser uma parte intrínseca do atomismo. As propriedades macroscópicas básicas de um gás que medimos – propriedades como a temperatura, a pressão, e o volume, são as propriedades que definem a essência da amostra de gás. Por exemplo, uma propriedade definidora de um gás é a sua temperatura, que é determinada pela velocidade média das moléculas invisíveis que constituem o gás. Outra propriedade definidora de um gás é a sua pressão, que é determinada pelas colisões das moléculas contra as paredes do recipiente: quanto mais frequentemente e com mais força elas colidirem com a parede, mais elevada é a pressão. Enquanto os átomos tiverem um comportamento médio, a temperatura e a pressão permanecerão propriedades fiáveis e estáveis do gás. Contudo, se houver flutuações durante as quais os átomos se desviem do seu comportamento normal, e se as flutuações forem grandes, então isso levanta questões relativas à estabilidade das propriedades medidas e, no processo, coloca questões básicas sobre a termodinâmica clássica.

Considere-se a gravitação newtoniana. A lei da força gravitacional de Newton descreve a força de atracção que liga a Terra ao Sol. Esta força depende de três parâmetros fixos: a massa do Sol, a massa da Terra, e a distância que os separa. Esta força é independente do comportamento das moléculas que constituem a Terra ou o Sol. As flutuações não comprometem esta lei. A lei da força gravitacional de Newton é estável. Por contraste, as leis da termodinâmica aplicam-se a sistemas materiais com a sua aleatoriedade atómica subjacente. De acordo com a segunda lei da termodinâmica, por exemplo, a entropia de um sistema material aumentará sempre. Mas podem ocorrer flutuações em regiões localizadas de um sistema e, nessa região, a entropia pode diminuir temporariamente. Isso levanta a questão: as leis da termodinâmica são geralmente verdadeiras ou, como argumentou Ludwig Boltzmann, são verdadeiras apenas em sentido estatístico? Era a esta questão que Einstein se referia no início do artigo.

Como em toda a estatística, quanto maior é o número do qual se calcula a média, mais estável é essa média. Em qualquer amostra de gás ou de líquido, o número de moléculas é tão grande que não são previsíveis desvios do comportamento médio. De facto, as principais autoridades em estatística física, Ludwig Boltzmann e J. Willard Gibbs, sustentavam que nunca seriam observados desvios do comportamento médio. Isto, no fundo, equivale a dizer que as flutuações estatísticas não podem ser observadas. Einstein não aceitou esta conclusão e procurou os meios físicos para demonstrar e observar as flutuações estatísticas.

Einstein acreditava que o movimento ziguezagueante das minúsculas partículas suspensas num líquido era o resultado das flutuações estatísticas nos movimentos das moléculas do líquido.

Assim, o «movimento browniano» era o meio físico que Einstein procurava; mais ainda, era um meio para responder não a uma, mas a três questões básicas da física. Átomos, sim ou não? Flutuações estatísticas, sim ou não? As leis da termodinâmica: são absolutas ou estatísticas? As respostas a estas três questões eram condicionadas pelos quatro «ses»: se Einstein pudesse desenvolver com sucesso uma teoria para descrever o movimento das partículas suspensas num líquido, se essa teoria se baseasse nas flutuações estatísticas dos movimentos aleatórios das moléculas líquidas, se a teoria fosse verificável experimentalmente, e, finalmente, se os resultados experimentais estivessem de acordo com a teoria de Einstein, então as três respostas seriam: Átomos? Sim. Flutuações estatísticas? Sim. E as leis da termodinâmica? Estatísticas.

Um dos elementos mais provocadores no contexto em que surgiu o artigo de Maio era a teoria cinética do calor. A imagem de um gás fornecida pela teoria cinética tornava os gases um alvo apelativo para análise. A imagem de um líquido dada pela teoria cinética é muito semelhante àquela que é dada para os gases, ou seja, moléculas do líquido movendo-se aleatoriamente, colidindo umas com as outras e com tudo o que se interpuser no seu caminho. Contudo, as moléculas de um líquido estão, em média, muito mais próximas umas das outras. Devido à sua proximidade, interagem com outras moléculas líquidas vizinhas. Esta interacção torna o líquido um sistema de análise e compreensão mais exigente. A imagem de um líquido com o seu movimento molecular aleatório convidava a especulações sobre o movimento browniano. Alguns cientistas concebiam as moléculas de água a chocar com uma partícula de pólen suspensa, movendo-a; outros encaravam a partícula suspensa como demasiado grande para ser influenciada por uma colisão molecular.

O contexto em que surge o artigo de Maio de Einstein era de uma importância profunda: átomos, flutuações estatísticas, e a termodinâmica clássica estavam na balança. O cenário era oportuno: a sua tese preparou o caminho. Como Einstein pôde aproveitar material do artigo de Abril para o de Maio, entre a data em que terminou o primeiro e aquela em que submeteu o segundo para publicação decorreram uns meros 10 dias. O cenário era desafiador:

estabelecer a realidade dos átomos e fazê-los ser aceites no cânone da ciência como elementos essenciais da matéria. E era um cenário convidativo: a imagem de um líquido borbulhando com o movimento das moléculas pedia para ser examinada como causa possível do movimento browniano.

O artigo de Maio de 1905

A imagem mental das moléculas movendo-se rapidamente e bombardeando uma grande partícula suspensa é curiosa. Mas temos problemas. Einstein partiu do princípio de que as partículas suspensas, como os grãos de pólen, tinham um diâmetro de 1/1000 milímetros (mm), ou seja, 0,0001 centímetros (cm). Num ambiente molecular, as partículas de Einstein são gigantescas. Se supusermos que a molécula de água é uma esfera (aliás, uma má suposição), o seu diâmetro aproximado seria cerca de 1×10^{-8} cm, o que é muitíssimo mais pequeno do que uma partícula suspensa, como a que Einstein considerou. Na verdade, uma molécula de água a atingir uma molécula de pólen suspensa é como uma bola de basebol com um raio de 7,47 cm a atingir uma esfera com um diâmetro de mais de 800 metros. Portanto, cada partícula gigante, suspensa na água, enfrenta um bombardeamento contínuo de picadas irritantes em praticamente cada ponto da sua superfície, à medida que as minúsculas partículas de água a atingem e refluem.

De cada vez que uma molécula de água embate na partícula em suspensão, a partícula recebe um empurrão. Para sermos precisos, trata-se de um pequeno empurrão, já que a partícula é tão grande quando comparada à molécula de água. Em média, estes pequenos empurrões incidem em todos os pontos da enorme superfície da partícula, resultando daí que a força total em qualquer direcção é equilibrada pela força total na direcção oposta. Sem um empurrão efectivo a partícula mantém-se imóvel. Mas é aqui que as flutuações fazem diferença. Regularmente, pensava Einstein, ocorrem flutuações e as moléculas líquidas próximas da superfície da partícula de pólen movimentam-se de forma atípica; ou seja, um grupo de moléculas agrupa-se num pequeno pacote apertado e, tal como uma caravana de camiões, movem-se juntas na mesma direcção para a pequena região na superfície da partícula suspensa. Quando o pacote de moléculas colide com uma área pequena na superfície da partícula, a partícula experimenta um empurrão atípico – maior e mais desequilibrado numa dada direcção. Como resultado a partícula move-se nessa direcção.

Um desvio no modo normal de movimento das moléculas de água, uma flutuação no seu movimento, pode mover a partícula suspensa. Era nisto que Einstein acreditava. As flutuações são elas mesmas aleatórias, de modo que os empurrões efectivos resultando dos impactos de moléculas líquidas agrupadas são aleatórios – primeiro numa direcção, depois noutra, depois noutra ainda. O movimento resultante da partícula suspensa é um movimento ziguezagueante aleatório através do líquido.

Claro que não se sabe exactamente que imagens mentais guiaram o pensamento de Einstein quando começou a redigir o artigo de Maio sobre o movimento browniano, mas este quadro geral é plausível. O que se sabe é que Einstein queria desenvolver a teoria do movimento browniano que permitiria expor a natureza atómica do líquido, e isso podia ser testado experimentalmente – quantitativamente testado. Se pensarmos em espreitar através de um microscópio para observar o movimento em ziguezague de uma partícula suspensa, o que mediríamos? Também aqui o génio de Einstein se revela. E o processo «era como um truque de magia»([4]). Apenas alguns artigos científicos, não muitos, parecem mágicos. O artigo de Maio de Einstein é mágico.

Antecipando a evolução da teoria, Einstein deve ter pensado cuidadosamente no modo como uma teoria que descreve o movimento de uma partícula suspensa num líquido podia ser confirmada. Ele não concebeu uma teoria que necessitasse de medir cada pequeno zigue e cada pequeno zague. Deve ter percebido que essas medições seriam extremamente difíceis. Não concebeu uma teoria em que fosse preciso medir a velocidade das partículas de pólen à medida que se movimentam nos seus ziguezagues sequenciais. Uma vez mais, deve ter percebido que isso seria impossível (quer ele soubesse ou não, tinham sido feitas tentativas para medir a velocidade das partículas brownianas. As tentativas falharam). Einstein concentrou-se em algo diferente.

Einstein começa por mostrar que o tamanho é indiferente. Para os seus objectivos, um líquido com partículas suspensas (como «grandes» partículas de pólen) podia, ser tratado apenas como um líquido com partículas dissolvidas (como «pequenas» moléculas de açúcar). Fez isto mostrando que a pressão osmótica era a mesma para moléculas dissolvidas num líquido (como fez na sua tese) ou para partículas suspensas num líquido (como as partículas de pólen). «Esta consideração demonstra que ... segundo esta teoria [a teoria cinético-molecular do calor], em grandes diluições quantidades numericamente iguais de moléculas dissolvidas e de partículas suspensas comportam-se de forma completamente idêntica»([5]). Ao mostrar que moléculas de açúcar dissolvidas e partículas de pólen suspensas podiam ser tratadas de modo semelhante, foi-lhe possível utilizar trabalho já feito para a sua tese, concluída dez dias antes.

A seguir, Einstein considera de duas formas a difusão das partículas de tipo do pólen em suspensão num líquido. Primeiro, emprega uma abordagem semelhante à que usara na sua tese, ou seja, considera a difusão como movimento das partículas de uma região de alta concentração para uma região de menor concentração. Quando a concentração das partículas suspensas é uniforme em todo o líquido, a difusão cessa. (Isto é equivalente à passagem de uma condição de baixa entropia para uma de alta entropia). Em oposição ao movimento de difusão das partículas tipo pólen está a viscosidade do líquido. Ao tomar em consideração estas duas influências opostas, Einstein determina a quantidade de partículas de tipo pólen transportada pelo líquido. Especificamente, obtém um coeficiente de difusão idêntico ao que tinha obtido na sua tese.

A segunda abordagem de Einstein consiste em considerar a difusão como a consequência do movimento aleatório das partículas suspensas. Contudo, como Einstein dá a entender, o movimento aleatório das partículas de tipo pólen resulta dos movimentos aleatórios das moléculas do líquido circundante. Em qualquer pequeno lapso de tempo, uma partícula de pólen é deslocada uma pequena distância por um grupo de moléculas de água. É claro que durante o mesmo período de tempo outra partícula de pólen, localizada algures no líquido, é também empurrada uma pequena distância. De um modo aleatório, as partículas em todo o líquido são empurradas desta ou daquela forma. Do mesmo modo aleatório, contudo, qualquer partícula é empurrada uma e outra vez, o que a força a um percurso ziguezagueante. Einstein desenvolve uma forma de calcular a distância média percorrida pelas partículas de pólen num intervalo de tempo.

O resultado final de Einstein foi uma expressão para a distância directa média, do princípio ao fim, percorrida por uma partícula ziguezagueando durante um dado período de tempo. De facto, Einstein simplificou o seu resultado final, tornando-o mais fácil de verificar experimentalmente. Reduziu o resultado final a uma dimensão, o que significa que a expressou em termos da distância média percorrida *horizontalmente* por uma partícula num dado tempo. Em vez de um resultado que exigia a medição do comprimento de um zigue ou de um zague, Einstein produziu um resultado que requeria apenas a medição da distância horizontal de muitos zigues e zagues. A simplicidade destes resultados confere--lhes uma aura de magia.

Aquele resultado era expresso em termos da temperatura do líquido, T, os raios das partículas suspensas, r, o número de Avogrado, N, e uma constante, k, agora conhecida como a constante de Boltzmann, mas considerada em 1905 muito importante. As últimas duas constantes, N e k, eram especialmente provocadoras porque tinham ligações directas aos átomos.

No final deste artigo Einstein usou o seu resultado para demonstrar que na água (a 17º Celsius [C]) partículas com um diâmetro de 0,001 mm mover-se-iam na horizontal à formidável distância de 0,006 mm num minuto. Isto era o que a teoria do movimento browniano de Einstein previa – uma previsão muito específica. E isso colocou um desafio aos físicos. Visto que Einstein sabia e acreditava que as previsões teóricas pouco significavam se não fossem verificadas experimentalmente, termina o seu artigo de Maio com uma exortação: «Esperemos que em breve um investigador consiga resolver o problema aqui colocado, que é de tanta importância na teoria do calor».([6])

Magia? Olhando apenas por um microscópio, podíamos, em 1905, ter observado o saltitar de uma partícula suspensa, o que era a prova directa do bombardeamento molecular a ocorrer no líquido circundante. Com um cronómetro estaríamos então apetrechados para medir a distância horizontal percorrida pela partícula num determinado período de tempo. Ao fazer isto, não só poríamos à prova a previsão teórica de Einstein como também poderíamos ter anunciado com uma confiança sem precedentes o veredicto sobre os átomos, o veredicto sobre as flutuações estatísticas, e, dependendo da última resposta, a validade da termodinâmica clássica.

A reacção

Uma das reacções ao artigo de Maio de Einstein surgiu numa conversa com Richard Lorenz. Durante esta conversa, conta Einstein, Lorenz deu a entender que «muitos químicos acolheriam bem uma teoria elementar do movimento browniano». «Respondendo ao seu pedido», diz-nos Einstein, «apresento a seguir uma teoria simples deste fenómeno»([7]). Einstein concluiu a sua «teoria simples» a 1 de Abril de 1908. Nesse artigo de 1908, «Teoria Elementar do Movimento Browniano», Einstein descreve o seu raciocínio com um detalhe pitoresco muito maior do que fizera no seu famoso artigo de Maio de 1905. Em expressões como «movimentos aleatórios de partículas dissolvidas», «as voltas labirínticas das moléculas» e «esta deslocação [das partículas suspensas] é determinada apenas pelo solvente circundante», Einstein usa imagens muito semelhantes às descritas anteriormente.

Contudo, veio de um experimentador uma reacção mais significativa. A directiva de Einstein aos experimentadores era: peguem em partículas com o diâmetro de 0,001 mm, ponham-nas em água a 17° C e observem, com o microscópio, uma das partículas durante um minuto. Registem a distância que percorreu na horizontal. Repitam o mesmo procedimento para várias partículas e façam a média das distâncias percorridas na horizontal registadas. A distância horizontal média, prevista por Einstein, devia ser 0,006 mm. Se a previsão se verificasse forneceria uma prova convincente, quase incontestável, da existência dos átomos. A pessoa que com mais sucesso apresentou a confirmação foi o físico francês Jean Baptiste Perrin.

Perrin era um atomista já antes de 1905, mas mais do que isso, na altura em que teve conhecimento do artigo de Einstein de Maio, estava completamente familiarizado com o movimento browniano. Em 1908, Perrin levou a cabo uma série de experiências sobre o movimento browniano, cujo objectivo era verificar a validade da predição de Einstein. O resultado foi imediatamente claro. «Logo desde as primeiras medições», escreveu Perrin, «tornou-se manifesto, contrariamente ao que se podia esperar, que os deslocamentos verificados pelo menos se aproximam da equação de Einstein»[8].

Perrin completou duas séries de experiências. A primeira, conduzida com o seu aluno doutorando, Chaudesaigues, foi feita com partículas de guta, um látex vegetal amarelo. Perrin aprendera como preparar partículas de guta com «um diâmetro conhecido exacto»[9]. Trabalhando primeiro com «grânulos relativamente grandes de guta, com um raio de cerca de $0{,}45\ \mu$ [0,00045 mm][10]», e mais tarde com «grânulos de raio igual a $0{,}212\ \mu$ [0,000212 mm], Chaudesaigues registou a posição do grânulo a cada 30 segundos durante dois minutos. Foram usadas soluções líquidas de água e de água com açúcar.

Numa segunda série de experiências, desta vez em colaboração com Dabrowski, partículas de mástique substituíram as de guta. Revezando-se ao microscópio, Perrin e Dabrowski observavam as partículas de mástique com raios de 0,0052 mm e, concentrando-se numa partícula específica, registavam a sua posição a cada 30 segundos. A figura na página seguinte mostra os percursos de três partículas diferentes de mástique desenhando uma linha recta entre as suas posições a cada 30 segundos[11]. Quando concluíram as experiências e os dados de Perrin foram analisados, os resultados, escreveu Perrin, «não podem deixar qualquer dúvida da rigorosa exactidão da fórmula proposta por Einstein»[12].

Einstein ficou encantado. Escreveu a Perrin a 11 de Novembro de 1909: «Não teria pensado que fosse possível investigar o movimento browniano com tal precisão; é uma sorte para este assunto que o tenha tomado como objecto de estudo»[13]. Perrin

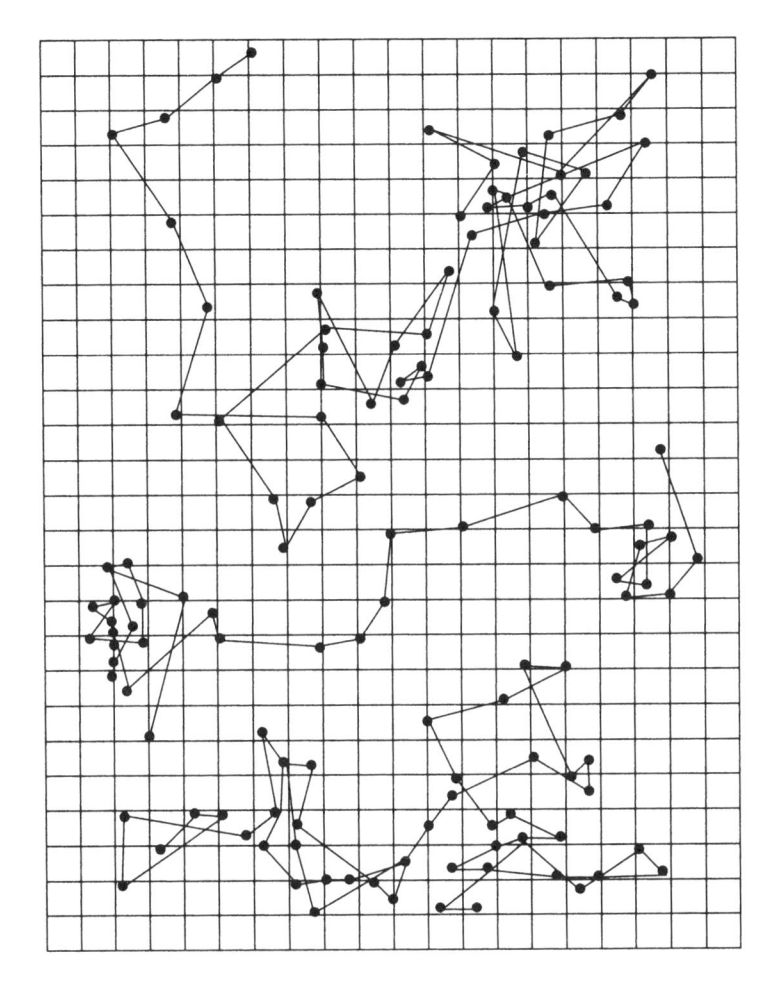

Movimento browniano. As posições dos três grânulos de mástique foram registadas de 30 em 30 segundos por Jean Perrin. Cada posição foi ligada por uma linha recta, que revela o percurso ziguezagueante do grânulo.

ficou também encantado, nessa altura e depois. Em 1926, 18 anos após ter concluído o seu estudo do movimento browniano, recebeu o Prémio Nobel.

Uma vez verificada a previsão de Einstein, os cépticos da teoria atómica capitularam um por um. Por exemplo, por volta de 1908, Henri Poincaré escreveu que «a hipótese atómica adquiriu recentemente credibilidade suficiente para deixar de ser uma mera hipótese.

Os átomos já não são apenas uma ficção útil; podemos com toda a propriedade afirmar que os vemos, dado que, de facto, os podemos contar»([14]). Talvez o maior de todos os cépticos fosse Wilhelm Ostwald, mas a sua batalha contra os átomos estava perdida. Em 1909, Ostwald escreveu: «Convenci-me de que recentemente obtivemos prova experimental da natureza discreta ou granulosa da matéria, a qual foi em vão procurada pela hipótese atómica durante séculos ou mesmo milénios»([15]).

E então a termodinâmica clássica? Nas frases iniciais do artigo de Maio, são-nos apresentadas duas alternativas: se se observar o movimento browniano, como previsto, então «a termodinâmica clássica não poderá continuar a ser vista como estritamente válida». Uma forma positiva de dizer a mesma coisa seria: se se observar o movimento browniano, a interpretação probabilística de Boltzmann da entropia tem de ser válida. Em 1911, na primeira conferência Solvay em Bruxelas, Einstein mencionou o princípio de Boltzmann, que é uma interpretação estatística da entropia, e disse: «Devíamos admitir a sua validade sem quaisquer reservas»([16]). Seis anos mais tarde, em 1917, mais uma vez Einstein tornou clara a sua posição: «Devido à compreensão da essência do movimento browniano, desfizeram-se todas as dúvidas sobre a justeza da interpretação de Boltzmann das leis da termodinâmica»([17]). Boltzmann interpretava as leis da termodinâmica como verdadeiras apenas num sentido estatístico.

Max Born resumiu tudo isto em 1949: a teoria de Einstein do movimento browniano contribuiu «mais do que qualquer outro trabalho para convencer os físicos da realidade dos átomos e das moléculas, da teoria cinética do calor, e do papel fundamental da probabilidade nas leis naturais»([18]). A maior parte estava convencida, mas não todos. Em 1909, Ernst Mach, cujo trabalho fora uma influência para Einstein, escreveu um ensaio no qual mais uma vez separava a sua concepção da daqueles que acreditavam nos átomos. Mach enviou o seu ensaio a Einstein. Este respondeu a 9 de Agosto de 1909, ao que parece de uma forma que pensou influenciaria Mach. Na sua carta, Einstein escreveu: «Dado que não consigo pensar em nenhuma outra maneira de lhe mostrar a minha gratidão, envio-lhe alguns dos meus artigos. Gostaria especialmente de lhe pedir que desse uma olhadela rápida no do movimento browniano, porque aqui está um movimento que acreditamos ter de ser interpretado como "movimento térmico"»([19]).

É de realçar que Einstein tenha destacado o seu artigo sobre o movimento browniano na esperança de que ele pudesse constituir a base para a aceitação por Mach da teoria atómica. O mais provável é que nisso Einstein tenha falhado. Mach morreu em 1916, 11 anos depois do artigo de Maio. Mach pode ter sido o último cientista a negar a existência dos átomos. Não se sabe se alguma vez chegou a acreditar na sua realidade, mas o artigo de Maio de Einstein não fez por ele o que Einstein esperava; nomeadamente, não o converteu imediatamente num atomista. Quanto ao resto, contudo, o movimento browniano de Einstein forneceu todas as provas necessárias. Pouco depois de Maio de 1905 já não se ouviam perguntas acerca da realidade dos átomos.

Zur Electrodynamik bewegter Körper[*]

A. Einstein

O artigo foi recebido pelo editor de *Annalen der Physik* a 11 de Maio de 1905, e publicado nesse mesmo ano em *Annalen der Physik*, volume 17, páginas 549-560.

---

[*] Sobre a Electrodinâmica dos Corpos em Movimento [On the Electrodynamics of Moving Bodies]

Albert Einstein em 1921 ou 1922, no auge da sua fama mundial. Quando uma predição da teoria geral da relatividade foi confirmada em 1919, Einstein tornou-se uma celebridade.

Junho

A Fusão do Espaço e do Tempo

Nas suas «Notas Autobiográficas», Einstein identificava dois critérios que uma teoria física deve satisfazer. O primeiro é óbvio: «a teoria não deve contradizer factos empíricos»([1]). O segundo é menos óbvio: diz respeito à "naturalidade" ou "simplicidade lógica" das premissas» da teoria. O primeiro critério, prossegue Einstein, «refere-se à "confirmação externa"» da teoria e o segundo diz respeito «à "perfeição interna" da teoria»([2]).

A concordância entre a teoria e os factos experimentais é considerada absolutamente essencial em todas as ciências. Por vezes os factos precedem a explicação teórica. Foi esse o caso, por exemplo, com o movimento browniano. As partículas, suspensas num líquido, tinham sido observadas, durante décadas, a ziguezaguear pelo líquido de uma forma vigorosa, antes de o artigo de Maio de Einstein apresentar o que veio a ser uma explicação quantitativa. Noutras alturas, a teoria precede os factos, o que sucedeu com o artigo de Março de Einstein, no qual a sua teoria identificou algumas propriedades físicas do efeito fotoeléctrico antes de os experimentadores as terem estabelecido como factos. Neste último exemplo, como muitas vezes acontece, a teoria identificou os factos que podem ser observados; às vezes a teoria *define* efectivamente os factos que podem ser observados. Werner Heisenberg, que abordou a sua criação da mecânica quântica em termos do que podia realmente ser observado, ficou surpreendido quando Einstein declarou: «É sempre a teoria que decide o que pode ser observado»([3]). Seja qual for a sequência, tem de haver harmonia entre a teoria e a experiência. Se existir desacordo e se esse desacordo persistir, a experiência torna-se, como sempre, o último árbitro e a teoria deve ser posta de acordo com a experiência.

É menos claro o que significa o segundo critério de Einstein, «perfeição interna». Manifestamente, uma teoria de um facto só, especificamente criada para explicar um determinado facto, não é uma boa teoria. Falta perfeição a uma teoria cujas premissas sejam arbitrárias e rebuscadas. Einstein admitia que podia não ser possível uma definição precisa de «perfeição interna». Todavia, ele sabia absoluta e precisamente o que queria dizer com «perfeição interna». Dizer que algo tem «perfeição interna» é exprimir um juízo objectivo e subjectivo. No entanto, esses juízos podem ser feitos, e são-no, habitualmente. Considere-se, por exemplo, a descrição de Paul Dirac da teoria geral da relatividade de Einstein, a qual, disse ele, «tem um carácter de excelência próprio. Qualquer pessoa que aprecie a harmonia fundamental que liga a forma como a Natureza funciona e os princípios matemáticos gerais, deve sentir que uma teoria com a beleza e a elegância da teoria de Einstein *tem* de estar substancialmente correcta»([4]). Dirac sabia o que «perfeição interna» queria dizer. Com efeito, uma grande teoria física emana perfeição para quem estiver preparado para a ver.

O artigo de Junho de Einstein sobre a teoria especial da relatividade estava no topo da perfeição. Ele irradia perfeição.

O contexto

Em 1905 eram utilizadas três grandes teorias físicas para explicar a variedade de modos com que a Natureza se conduz. A primeira dessas grandes teorias, chamada mecânica, trata do movimento e da energia. A segunda, a termodinâmica, também trata da energia, mas mais especificamente da energia térmica e outros fenómenos térmicos – o calor e a temperatura. Durante a segunda metade do século XIX, no entanto, a termodinâmica tinha, em princípio, sido abarcada pela mecânica newtoniana, pois os fenómenos térmicos podiam ser explicados pelos movimentos de átomos invisíveis. Tudo o que tivesse a ver com a electricidade e o magnetismo caiu na alçada da terceira grande teoria, o electromagnetismo. Estas três grandes teorias da física tinham-se tornado muito refinadas e, nos últimos anos do século XIX, pensava--se que estariam já nas suas formas finais, ou muito perto. Não obstante, com o alvor do século XX, os físicos de todo o mundo eram um grupo inquieto.

O decénio imediatamente anterior a 1905 fora uma época agitada na profissão de físico. Descobertas recentes, totalmente inesperadas, incluindo o raio X (1895), a radioactividade (1896), o electrão (1897), e o *quantum* (1900), haviam rasgado as capas do livro de física e avisado os físicos que a mecânica de Newton e o electromagnetismo de Maxwell não eram os capítulos finais. O Epílogo da física, já escrito por alguns físicos, estava destinado ao caixote de lixo da História.

As novas descobertas eram só uma parte da confusão; uma experiência falhada aumentara a angústia dos físicos. Em 1887, uma experiência conduzida em Cleveland, no Ohio, não conseguiu detectar «o éter», e esse fracasso desafiou, se não refutou, um pressuposto comum para o qual não havia alternativas. Fizeram-se tentativas desesperadas, frenéticas até, de transformar o fracasso decisivo num sucesso aceitável. No contexto de 1905, o artigo de Junho de Einstein tinha um elemento de oportunidade. Algumas das ideias saídas desse artigo andavam «no ar» em 1905 e já pairavam nos anos anteriores. Embora o seu artigo fosse oportuno e usasse ideias em circulação comum, a sua forma e consequências esgotaram a credulidade dos físicos.

Estes pensavam que sabiam que a luz se propagava do Sol para a Terra como uma onda. Mas para que isto acontecesse, tinha de haver um meio que, efectivamente, impelisse a onda de luz. O som é uma onda, e como uma onda, requer um meio. Praticamente todos os objectos materiais podem servir de meio para transmitir ondas sonoras; porém, é o ar que propaga as ondas sonoras da boca da mãe para o ouvido do filho. As ondas sonoras não se podem propagar no vazio. Tal como com o som, e com todos os outros fenómenos ondulatórios, acreditava-se com absoluta confiança que as ondas luminosas necessitavam de um meio. E não servia um meio qualquer: a luz exigia um meio muito incomum. Esse meio era o éter.

O que tornava incomum o meio para as ondas de luz? Para começar, a luz chega à Terra vinda de estrelas e galáxias longínquas, que estão elas próprias, segundo a nossa melhor informação, distribuídas por todo o universo; logo, o meio que impelia a luz tinha de encher a vastidão de todo o espaço. Mais ainda, dado que a luz se propaga de local em local à velocidade extraterrestre de 300 000 quilómetros por segundo (km/s), o meio tinha de possuir a mais rara das propriedades. Por fim, a Terra e os outros planetas sulcam esse meio difuso enquanto orbitam à volta do Sol, e fazem-no sem quaisquer efeitos observáveis; por exemplo, após milhões de anos a fazer o seu caminho através do meio, a superfície terrestre não ficou «alisada», nem a sua velocidade orbital abrandou devido a influências retardadoras do meio. Fossem quais fossem as suas propriedades, o meio omnipresente, o éter, não afectava nem os planetas nem os seus movimentos. O éter era de facto incomum.

O éter, como meio para a luz, deu sentido à velocidade da luz. Quando a velocidade de um avião é dada como 830 km/h, é escusado acrescentar que a velocidade é dada relativamente à Terra, isto é, relativamente a um sistema de coordenadas baseado na Terra. A velocidade só tem sentido quando se refere a um sistema de coordenadas específico. O sistema de coordenadas em relação ao qual a luz tinha a sua velocidade de 300 000 km/s era um sistema de coordenadas centrado no éter.

Um sistema de coordenadas, também chamado sistema de referência, é igualmente requerido para especificar a localização de objectos e acontecimentos. Se, por exemplo, um nova-iorquino disser que Washington, D.C., está a 352 quilómetros a su-sudoeste, o sistema de coordenadas usado está centrado na Terra; tem a sua origem fixada em Manhattan, um eixo norte-sul, outro este-oeste, e o terceiro eixo cima-baixo. Em termos desse sistema de coordenadas, os nova-iorquinos podem localizar qualquer cidade na Terra. Uma localização nada significa em sentido absoluto. Um nova-iorquino pode dizer que Washington, D.C., está a 352 quilómetros a su-sudoeste, e um habitante de Nova Orleães pode dizer que Washington, D.C., está a 1728 quilómetros nor-nordeste. As duas afirmações são verdadeiras. A localização é sempre relativa a qualquer coisa.

Junho

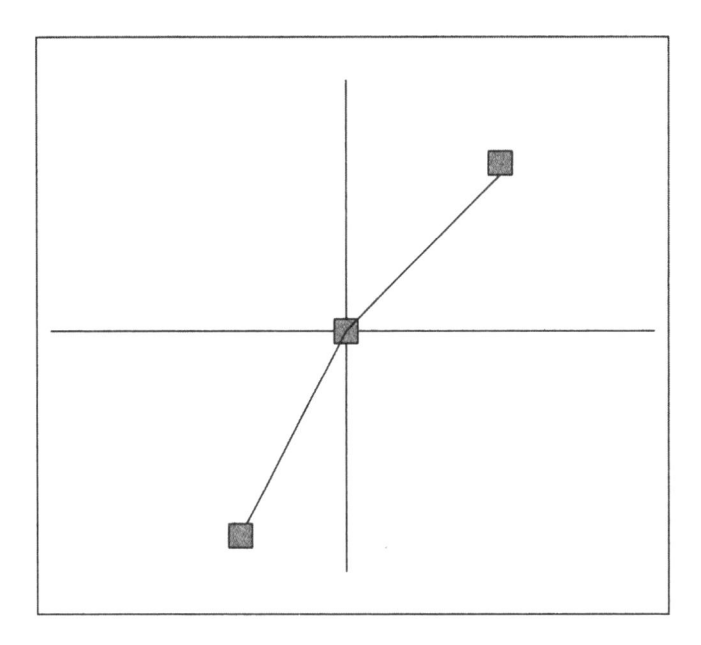

Um sistema de coordenadas centrado em Nova Iorque. Neste sistema, Washington, D.C., está localizada a 350 quilómetros SSO, e Boston está a cerca de 350 quilómetros NNE de Nova Iorque.

Um género especial de sistema de coordenadas, chamado sistema de coordenadas inercial, desempenhou o papel principal no artigo de Junho de Einstein. Um sistema de coordenadas inercial é definido pela Primeira Lei do Movimento de Newton, que equipara o repouso e o movimento uniforme (movimento com velocidade constante, que é movimento numa linha recta a uma velocidade constante). Como é que o repouso pode ser equiparado com o movimento uniforme? Considere-se, por exemplo, uma chávena de café imóvel no alpendre de uma casa numa quinta no oeste do Kansas. O alpendre é um sistema de coordenadas inercial que está em repouso relativamente à Terra. Uma segunda chávena de café está na bandeja de um passageiro num Boeing 767, voando para leste em atmosfera calma, a uma altitude de 11470 metros à velocidade constante de 934 km/h. O Boeing 767 é um sistema de coordenadas inercial que se move a uma velocidade constante em relação à Terra. A Primeira Lei do Movimento de Newton diz que não há maneira de olhar para as duas chávenas de café, cada uma no seu respectivo sistema de coordenadas inercial, e decidir qual está em repouso e qual está em movimento. Com efeito, nenhuma experiência pode identificar qual a chávena de café que se está a mover. O repouso e o movimento uniforme são indistinguíveis (é claro que se o movimento uniforme do 767 for interrompido por uma turbulência, o café a deitar por fora torna evidente qual a chávena que se está a mover). Porque não há maneira experimental de distinguir entre sistemas de coordenadas inerciais em repouso e em movimento uniforme, da mecânica newtoniana extraiu-se um princípio, chamado princípio da relatividade, que simplesmente exprimia o facto de todos os sistemas de coordenadas inerciais serem equivalentes. Os sistemas de coordenadas inerciais, ou sistemas de referência inercial, foram importantes na física de Galileu e Newton; porém, como já se disse, ocupam o centro do palco na teoria especial da relatividade de Einstein.

Visto que o éter preenchia todo o universo, não podia mover-se de um lado para o outro. Por outras palavras, o éter estava em repouso absoluto (é claro que o repouso absoluto não tem sentido, excepto quando relacionado a um sistema de coordenadas particular. Neste exemplo, supunha-se que o éter estivesse em repouso em relação ao universo como um todo). O éter era um sistema de coordenadas inercial em repouso no universo, e nesse sistema a luz viajava a 300 000 km/s.

A luz viaja a uma velocidade fixa através do éter, o éter rodeia a Terra, e a Terra desloca-se no seu movimento orbital à volta do Sol, passando através do éter, que se encontra em repouso absoluto. Estes factos, em que acreditavam os contemporâneos de Einstein, forneceram a base de uma experiência concebida por físicos, para comparar a velocidade da luz quando se move através do éter em duas direcções opostas. Eis a experiência: primeiro medimos a velocidade da luz movendo-se através do éter na mesma direcção do movimento orbital da Terra, e depois repetimos a medição quando a luz se move na direcção oposta ao movimento orbital da Terra. Na primeira medição, a Terra está a mover-se ao lado da luz enquanto esta se propaga no éter, e na segunda está a mover-se com a luz a vir no sentido contrário. Esperar-se-ia que a segunda

A quinta do Kansas tem um sistema de coordenadas fixado à Terra. Neste sistema de coordenadas, o avião está 11470 metros acima da Terra e move-se para leste a 934 km/h. O sistema de coordenadas do avião está fixado ao avião. Para os passageiros que olham das janelas do avião, a superfície da Terra parece mover-se a 934 km/h para oeste. No sistema de coordenadas do avião, os passageiros e as suas chávenas de café estão em repouso.

velocidade medida da luz fosse superior à primeira. Medindo a diferença entre as duas velocidades, pode determinar-se a velocidade da Terra através do éter.

Foi este o género de experiência que Albert A. Michelson e Edward W. Morley concluíram em 1887. Quando compararam as velocidades de dois feixes de luz enviados através do éter em direcções diferentes relativamente à direcção do movimento orbital terrestre, esperavam que fossem diversas. Não eram. Não havia diferença entre as duas velocidades. Os físicos que pensavam nisso com certeza ficaram surpresos.

A experiência foi considerada um fracasso – uma das experiências fracassadas mais famosas da história da física. Mesmo repetida em alturas diferentes, em locais e altitudes diversos, o resultado era o mesmo: não havia diferença nas velocidades.

Os físicos, verdade se diga, aceitaram o resultado, embora de má vontade. A experiência falhada, que negava o dogma aceite de um éter estático, levantava implicitamente questões sobre o próprio conceito de éter. Mas o éter era necessário para propagar a luz. O grande físico Hendrik A. Lorentz escreveu a Lorde Rayleigh a 18 de Agosto de 1892: «Estou completamente sem saber como dissipar esta contradição [entre a teoria do éter e a experiência de Michelson-Morley], e no entanto acredito que se abandonássemos a teoria de Fresnel [a noção de que o éter estava em repouso, mas que algum éter era arrastado para dentro dos objectos que se movem nele], ficávamos sem qualquer teoria adequada ... Poderá existir algum aspecto na teoria da experiência do Sr. Michelson que não tenha sido notado até agora?»([5]) Os físicos, em desespero, reagiam à crise.

Em suma, o resultado experimental tinha de ser aceite, mas o éter tinha de ser mantido. Por conseguinte, foram propostas uma série de soluções *ad hoc* para tornar o resultado da experiência de Michelson-Moerley compatível com um éter estático. Talvez a sugestão mais bizarra tenha sido feita por Lorentz em 1892, e, independentemente, por George F. Fitzgerald em 1889. Eles propuseram que a dimensão de um objecto em movimento, em virtude da sua deslocação através do éter, contrair-se-ia; especificamente, a dimensão paralela à linha de movimento do objecto através do éter. Segundo esta proposta, uma barra de aço alinhada com a direcção do movimento da terra, e movendo-se com a Terra através do éter, contrair-se-ia. Em 1899 e 1904, Lorentz adoptou algumas hipóteses, e, com base nelas, desenvolveu um conjunto de equações (mais tarde denominadas equações de transformação de Lorentz) que unia observações entre sistemas de coordenadas inerciais imóveis e em movimento. No processo, demonstrou que a contracção de comprimento Lorentz-FitzGerald condizia com essas equações de transformação.

Essas estranhas ideias foram inventadas para remendar os problemas engendrados pelo conceito de éter. Os remendos eram insultuosos, mas os físicos acreditavam que o éter era necessário para que a luz viajasse de um lugar para o outro. A juntar às soluções *ad hoc*, examinavam-se de novo ideias básicas. Em 1898, por exemplo, Henri Poincaré levantou questões sobre o tempo: «Não temos intuição directa sobre a igualdade de dois intervalos de tempo. As pessoas que acreditam possuir essa intuição são joguetes de uma ilusão»([6]). E em 1904, na Feira Mundial de St. Louis, Poincaré perguntou: «O que é o éter, como é que se dispõem as suas moléculas, elas atraem-se ou repelem-se?»([7]) Durante os seus comentários sobre o tempo, Poincaré falou de sincronização dos relógios; Lorent definiu o «tempo local», que Poincaré explicou melhor; Poincaré chamou à discussão o princípio da relatividade de Galileu e Newton.

Ironicamente, a noção esquisita da contracção do comprimento, assim como novas percepções sobre o tempo e a sincronização dos relógios, foram partes centrais do artigo de Junho de Einstein, mas com uma profunda diferença. Em vez de surgidas do nada, a contracção do comprimento e as considerações sobre o tempo emergiam como consequências lógicas dos dois princípios que eram a base da teoria especial da relatividade.

Durante anos Einstein teve na cabeça ideias provocadoras relacionadas com o seu artigo de Junho. Por exemplo, em Agosto de 1899, escreveu uma carta à sua futura mulher Mileva, na qual expressava as suas dúvidas quanto ao éter ter algum significado físico. Noutra altura, ele imaginou-se a correr ao lado de uma onda de luz, e, nessa imagem, identificou vários problemas. Durante muitos meses essas e outras ideias despontavam e desvaneciam-se dos pensamentos conscientes de Einstein; tornaram-se mais nítidas e, até certo ponto, ficaram arrumadas na sua mente. Esses devaneios eram peças do que por fim se transformaria num todo coerente. Apenas era necessária uma intuição reveladora. Esta aconteceu na Primavera de 1905, durante uma visita ao seu amigo Michele Besso. Eis o relato de Einstein, de 1922, desse momento dramático:

> Inesperadamente, um amigo meu de Berna ajudou-me então. Estava um dia muito bonito quando o visitei e comecei a falar assim: «Tive recentemente uma questão que me foi difícil perceber». Ao conversar com ele, pude de repente compreender o assunto. No dia seguinte fui visitá-lo e disse-lhe, sem o cumprimentar: «Obrigado.

Resolvi completamente o meu problema». A minha solução era na realidade para o próprio conceito de tempo, isto é, que o tempo não está absolutamente definido, mas há uma ligação inseparável entre o tempo e a velocidade do sinal. Com este conceito, a extraordinária dificuldade anterior podia ser inteiramente resolvida. Cinco semanas depois de tê-lo reconhecido, a presente teoria da relatividade especial foi concluída».([8])

Dois anos depois, em 1924, Einstein descreveu esse mesmo momento de inspiração com palavras mais reveladoras:

Após sete anos de reflexão infrutífera [1898-1905], a solução chegou-me subitamente com o pensamento de que os nossos conceitos e leis do espaço e do tempo só podem reivindicar validade na medida em que se situem numa relação clara com as nossas experiências; e que a experiência podia perfeitamente levar à alteração desses conceitos e leis. Através de uma revisão do conceito de simultaneidade para uma forma mais maleável, cheguei assim à teoria especial da relatividade.([9])

A descrição precedente de Einstein, «uma ligação inseparável entre o tempo e a velocidade do sinal» e as suas palavras posteriores, «por uma revisão do conceito de simultaneidade», tornam clara a sua inspiração. O entendimento comum da simultaneidade era fundamentalmente defeituoso. De maneira implícita, pressupõe-se que se uma pessoa observa que dois acontecimentos são simultâneos, todos os outros observadores concordarão que são simultâneos. Einstein percebeu essa falácia, e logo que a inspiração chegou, todas as peças se ajustaram num todo lógico. Cinco semanas depois, Einstein completou a sua teoria especial da relatividade.

O artigo de Junho de 1905

Há um facto perturbante na ciência actual. Se o editor de uma revista contemporânea recebesse um manuscrito de um funcionário desconhecido a trabalhar num local indeterminado, esse editor, com toda a probabilidade, rejeitá-lo-ia, possivelmente sem sequer o ler. No entanto, Einstein, um funcionário desconhecido a trabalhar num local indeterminado, produziu um dos manuscritos mais importantes e belos na história da física. Arthur Miller, um destacado estudioso de Einstein, escreve sobre esse artigo:

> Página a página, o artigo da relatividade de Einstein não tem paralelo na história da ciência, na sua profundidade, amplitude e puro virtuosismo intelectual. Einstein desenvolveu uma das teorias de maior alcance na física, num estilo literário e científico que era parcimonioso, mas a que não faltavam as coisas essenciais; num ritmo que, quando necessário, possuía uma cadência adequadamente lenta, todavia apresentada em 30 páginas impressas, desenvolvida quase como um ensaio. Escrita de um fôlego em cerca de cinco semanas, é transparente na forma, e no entanto, à sua maneira, tão completa como os *Principia* de Newton, do tamanho de um livro.([10])

O artigo de Junho de Einstein começa com esta frase: «É bem sabido que a electrodinâmica de Maxwell – como é geralmente compreendida actualmente – quando aplicada aos corpos moventes, leva a assimetrias que não parecem inerentes ao fenómeno»([11]). Mais uma vez, como no artigo de Março, Einstein abre com uma contradição aparente. Há maneiras diferentes de ilustrar as assimetrias a que Einstein se refere na sua frase inicial. Todas as maneiras, porém, envolvem dois sistemas de coordenadas inerciais. Num sistema existe uma configuração de objectos que pode incluir um objecto carregado, um condutor e um magneto, juntamente com um observador presente. O segundo sistema de coordenadas com o seu observador está em movimento relativamente ao primeiro sistema.

Para ilustrar essas assimetrias, Einstein empregou correntes resultantes do movimento relativo entre condutores eléctricos e magnetos. Existem outras maneiras, e mais simples, de demonstrar a preocupação básica de Einstein. Consideremos, por exemplo, um sistema de coordenadas inercial em repouso. Neste sistema estão um observador (o Observador *A*) e um objecto carregado. Com uma bússola sensível o observador examina o espaço à volta do objecto carregado, e não encontra indícios de um campo magnético. Em seguida, consideremos um sistema de coordenadas inercial com outro observador (Observador *B*), a deslocar-se uniformemente para leste. O Observador *B* vê o objecto carregado movendo-se para oeste e, com uma bússola sensível, detecta um campo magnético no espaço à volta do objecto carregado em movimento. Da perspectiva de um sistema de coordenadas inercial não há uma força magnética a agir sobre o ponteiro da bússola; da perspectiva de outro sistema de coordenadas inercial, *há* uma força magnética que alinha a agulha da bússola. Se, como se supõe, todos os sistemas de coordenadas inerciais são equivalentes, existe uma contradição evidente, ou como declarou Einstein, uma assimetria: não se pode ter forças a produzir mudanças físicas num sistema inercial, e não ter forças nem mudanças noutro. Em suma, ou há ou não há um campo magnético. Essas experiências electromagnéticas entravam em contradição com o princípio da relatividade.

Depois de estabelecer um exemplo de uma assimetria (o primeiro parágrafo), Einstein é rápido. Afirma que, em termos de física, a ideia de repouso absoluto não tem sentido. Com essa declaração, liberta a física do éter. Einstein torna o éter, em repouso absoluto, «supérfluo». Em seguida afirma que as leis do electromagnetismo, da óptica e da mecânica são válidas em todos os sistemas de referência inerciais e eleva o princípio da relatividade ao estatuto de axioma. Ele introduz imediatamente um segundo princípio, só «aparentemente incompatível», que também alcança o estatuto de axioma: a velocidade da luz é a mesma em todos os sistemas de referência inerciais. De forma concisa, os dois princípios da relatividade especial que aparecem no seu artigo de Junho são:

O Princípio da Relatividade – As leis da física são as mesmas em todos os sistemas de referência inerciais ou, através de experiências físicas, um sistema de coordenadas inercial não pode ser distinguido de um outro sistema de coordenadas inercial.

O Princípio da Constância da Velocidade da Luz – A velocidade da luz é a mesma em todos os sistemas de referência inerciais, independentemente das velocidades quer da origem da luz, quer do detector da luz.

No fim do segundo parágrafo, Einstein já pôs todas as suas cartas na mesa, à vista. Nas 28 páginas seguintes, ele desenvolve sistematicamente as consequências dos dois princípios para a mecânica (Parte I) e para o electromagnetismo (Parte II).

Apesar da aparência algo enfadonha dos dois princípios, no contexto de 1905, eles eram mutuamente incompatíveis. Só no sistema de coordenadas do éter é que a luz tinha uma velocidade fixa; noutros sistemas de coordenadas inerciais a velocidade observada da luz dependeria, por exemplo, de o observador se estar a deslocar contra ou a favor da luz. Einstein avisou os leitores do seu artigo de Junho que os dois postulados eram apenas «aparentemente incompatíveis». A inocência aparente dos dois princípios desaparece por completo quando eles são reunidos e as consequências lógicas começam a emergir. Com as consequências, os dois princípios tornam-se a base de um surpreendente mundo novo.

Einstein prepara o caminho apurando o conceito de tempo. O tempo atribuído a um acontecimento é determinado pela observação de um relógio.

> Temos de ter em conta que todas as nossas proposições que envolvem o tempo são sempre proposições sobre *acontecimentos simultâneos*. Se, por exemplo, eu digo que «o comboio chega aqui às 7 horas», isso quer dizer, mais ou menos, «o apontar do pequeno ponteiro do meu relógio para 7 e a chegada do comboio são acontecimentos simultâneos».([12])

Mas Einstein sublinha que neste caso o relógio e a chegada do comboio estão essencialmente na mesma localização. Quando se tem de atribuir tempos a acontecimentos em locais separados, é preciso prestar muita atenção. Imagine-se um sistema de coordenadas inercial em repouso, e um relógio usado para registar a hora de acontecimentos próximos e afastados. O problema imediato é que as horas registadas por esse relógio dependem de onde o observador e o seu relógio estejam no sistema de coordenadas. A solução de Einstein foi imaginar um relógio no local de cada acontecimento, digamos os locais A e B. A hora de um acontecimento em A é determinada pelo relógio em A, e a hora de um acontecimento em B é determinada pelo relógio em B. Então, seguindo um procedimento bem descrito para sincronizar os relógios em A e B, o observador no local A pode saber a hora de um acontecimento no local B. A seguir a esta breve discussão, Einstein afirma,

O «tempo» de um acontecimento é a leitura obtida simultaneamente com o acontecimento a partir de um relógio em repouso que está localizado no lugar do acontecimento, e que para todas as determinações temporais está em sincronia com um determinado relógio em repouso.([13])

Ao apurar as definições, Einstein vai preparando o terreno passo a passo.

A seguir, baseado nos dois princípios da relatividade especial mais a sua prescrição para determinar o tempo de um acontecimento, Einstein desenvolve o que é essencialmente uma discussão qualitativa concebida para mostrar como dois observadores diferentes mediriam o comprimento de um objecto. Mais uma vez, somos chamados a usar a nossa imaginação.

Imaginemos o primeiro observador, o Observador A, e uma viga de aço num sistema de coordenadas inercial que se move uniformemente para leste relativamente à Terra. A viga tem a orientação leste-oeste, ao longo da direcção do movimento. O Observador A, em repouso *relativamente à viga de aço*, mediria o comprimento desta pondo uma régua ao longo do comprimento da viga. Chamemos a esse comprimento medido o comprimento em repouso, $C_{repouso}$, porque está medido por um observador em repouso relativamente à viga de aço.

Agora imaginemos um segundo observador, o Observador B, num segundo sistema de coordenadas inercial que está em repouso relativamente à Terra. Esse observador estático vê a viga de aço deslocar-se para leste. O observador imóvel com relógios imóveis sincronizados mede o comprimento da viga determinando as localizações exactas das suas duas extremidades no mesmo instante de tempo. Por exemplo, se quisermos medir o comprimento de um carro a circular na estrada, assinalaríamos a localização do contorno do pára-choques dianteiro no mesmo instante em que localizamos o contorno do pára-choques traseiro, e mediríamos a distância entre essas duas localizações. Dado que para esse observador a viga está a mover-se, chamamos a esse comprimento medido o comprimento em movimento, $C_{em\ movimento}$.

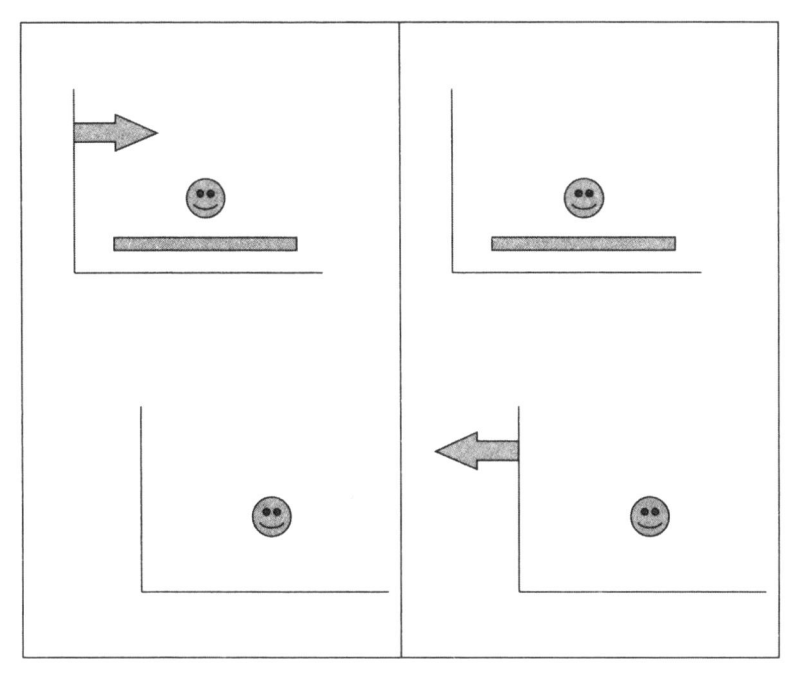

O Observador *B* (em baixo, à esquerda) vê a viga de aço e o Observador *A* (em cima, à esquerda) a deslocar-se para leste. A viga está em repouso relativamente a *A*, e o seu comprimento, medido por *A*, é de $C_{repouso}$; a viga está a mover-se relativamente a *B*, e o seu comprimento, medido por *B*, é $C_{em\ movimento}$. $C_{em\ movimento}$ é menor do que $C_{repouso}$. O Observador *A* (em cima, à direita) vê o Observador *B* deslocando-se para oeste.

O senso comum diz que os dois comprimentos, $C_{repouso}$ e $C_{em\ movimento}$, são idênticos. Vamos descobrir, escreveu Einstein, que os dois comprimentos *não* são iguais. Isso pode parecer contraditório; mas há mais. O tempo volta a intervir. O observador na Terra, Observador *B*, julga ter localizado no mesmo instante, isto é, simultaneamente, as duas extremidades da viga de aço que se move para leste. O observador que se move com a viga, Observador *A*, pode dizer: «Desculpe, localizou os dois extremos da viga em tempos diferentes, não em simultâneo». Einstein conclui,

> Deste modo, vemos que não devemos atribuir um sentido *absoluto* ao conceito de simultaneidade; dois eventos que são simultâneos quando observados a partir de um sistema de coordenadas particular já

não podem ser considerados simultâneos quando observados a partir de um sistema que se esteja a mover relativamente àquele sistema».([14])

Nessa altura, Einstein tinha tomado medidas para preparar o leitor para que repensasse ideias cómodas, do senso comum; nomeadamente, que o comprimento de um objecto rígido *não* é o mesmo para todos os observadores, e que o conceito de simultaneidade também depende do observador. Ele podia ter dito mais: podia ter acrescentado que o conceito de Newton do tempo absoluto era uma ideia equivocada.

A partir desta discussão maioritariamente qualitativa, Einstein introduz alguma matemática. Mais uma vez, imaginemos dois sistemas de coordenadas inerciais, cada qual com um observador – um em repouso relativamente à Terra, um segundo a mover-se uniformemente para leste. Suponhamos um acontecimento: um relâmpago atinge a estaca de uma cerca. O observador no sistema em repouso regista a localização específica e a hora do sucedido. O observador no sistema móvel também regista a localização exacta e a hora precisa do acontecimento. Há dois conjuntos de localização e medição do tempo: um relativo ao sistema de repouso e outro relativo ao sistema em movimento. Que equações matemáticas ligam esses dois conjuntos de dados registados? Ou, para pôr a questão de outra maneira, como é que se transforma a medição de dados de um observador na medição de dados do outro? Einstein utilizou os seus dois princípios – o da relatividade e o da constância da luz – para desenvolver equações que respondessem a essas perguntas, e acabou com as mesmas equações que Lorentz obtivera em 1895 e 1899. São as mesmas equações, mas com uma diferença: as equações de Lorentz resultaram da sua tentativa *ad hoc* de explicar a experiência «falhada» de Michelson-Morley; as de Einstein foram uma consequência directa dos seus dois princípios e das suas conclusões sobre o tempo.

Einstein utiliza essas equações de transformação para mostrar que esteja ou não um observador imóvel relativamente a um feixe de luz ou a mover-se ao lado deste, a velocidade da luz é a mesma para ambos os casos. «Isto prova», escreve ele, «que os nossos dois princípios fundamentais são compatíveis»([15]).

Com estas equações de transformação (hoje chamadas equações de transformação de Lorentz), Einstein retoma a sua análise do comprimento e do tempo. O comprimento, sugere ele, é relativo. Uma dimensão de um objecto, a que fica paralela à direcção do movimento, contrai-se. Outras dimensões não são afectadas. Uma viga de aço cuja medição dá três metros de comprimento para um observador que esteja ao seu lado (em repouso relativamente à viga) tem menos de três metros na medição de um observador que a veja a passar por si. Por exemplo, se uma viga de aço de três metros se desloca a uma velocidade igual a 10% da velocidade da luz, perto de 30 000 km/s, contrai-se em 1,5 cm; se se estiver a deslocar a uma velocidade igual a 25% da velocidade da luz, cerca de 75 000 km/s, contrai-se 9,6 cm. A metade da velocidade da luz, cerca de 150 000 km/s, contrai-se 40,9 cm, cerca de 13% do seu comprimento. Como é evidente, o tamanho da contracção só se torna significativo para velocidades próximas da velocidade da luz. À velocidade da luz, a contracção é de 100%. O comprimento da viga contrai-se para zero. A velocidades maiores do que a velocidade da luz, o comprimento da viga tornar-se-ia negativo. Visto que um comprimento negativo não faz qualquer sentido, Einstein declara que a velocidade da luz é o limite de velocidade da Natureza. Nada se pode mover mais depressa do que a luz.

O tempo é também relativo. Imaginemos dois sistemas de coordenadas inerciais, cada um com relógios. Ambos os relógios estão certos e iguais um ao outro quando os dois sistemas de coordenadas se encontram em repouso. Se pusermos em movimento um sistema de coordenadas inercial, juntamente com o relógio respectivo, quando este for visto em movimento a partir do sistema em repouso, estará atrasado em relação ao relógio em repouso. Não é uma avaria estranha do relógio. Tem a ver com o tempo. Os relógios medem o tempo, e os relógios em trânsito perdem tempo relativamente aos relógios em repouso. Essa propriedade do tempo significa que se, num sistema em repouso, houver dois relógios sincronizados nos locais A e B, e se o relógio em B for transportado, à velocidade v, até o relógio em A, os dois relógios deixarão de estar sincronizados – o relógio B ficará atrasado. Ou se ambos os relógios sincronizados estiverem juntos em A e um deles for dar a volta ao mundo, no regresso a A o relógio viajante terá perdido tempo em relação ao relógio imóvel (isso foi verificado levando um relógio atómico num voo à volta do mundo e comparando-o no regresso ao relógio que ficou imóvel).

Os relógios têm muitos feitios e formas. Uma pessoa é um relógio. O ritmo metabólico de um indivíduo, tal como um relógio de pulso, marca o tempo e anuncia a aproximação da hora do almoço. Uma espécie de relógio interno regula o processo de envelhecimento. Tudo isto para dizer que se uma mãe tivesse de sair de casa numa longa viagem, a uma alta velocidade inimaginável, os seus relógios internos abrandariam em relação aos que deixou para trás, e a mãe poderia regressar mais jovem do que o seu filho que ficou em casa. A teoria da relatividade de Einstein revelou coisas estranhas sobre a Natureza.

Einstein termina a parte I do artigo de Junho com uma discussão sobre as velocidades. Sempre trabalhando a partir dos dois princípios, ele mostra que nenhumas duas velocidades se podem combinar para ultrapassar a velocidade da luz. Uma vez mais temos de usar a imaginação. Imaginemos um observador parado numa faixa de estrada longa e recta, construída numa vasta planície terraplanada. A seguir imaginemos um comboio, com um vagão-plataforma muito comprido movendo-se para leste a uma velocidade de 178 500 km/s (60% da velocidade da luz). Agora, vamos imaginar um carro a dirigir-se para leste ao longo da plataforma do vagão-plataforma a uma velocidade, relativamente à carruagem, de 178 500 km/s (mais uma vez, 60% da velocidade da luz). O senso comum diz-nos que o observador, parado sobre o solo e a ver o comboio e o carro a passar, veria o carro a mover-se para leste com a soma dessas duas velocidades, isto é, 178 500 km/s + 178 500 km/s, ou 357 000 km/s, que é 120% da velocidade da luz. Mas não será assim, se aceitarmos a lógica dos dois princípios. Trabalhando a partir dos dois princípios, Einstein mostrou que o observador ao lado dos carris veria o carro a mover-se a 261 890 km/s ou 88% da velocidade da luz. Repetindo, a teoria especial da relatividade estabelece um limite para a rapidez com que um objecto pode viajar. O limite de velocidade é de 300 000 km/s.

Os resultados da parte I são intelectual e emocionalmente avassaladores. O espaço absoluto e o tempo absoluto, os alicerces da física newtoniana, são vistos como uma invenção da nossa imaginação. A simultaneidade absoluta é também um mito. Acontecimentos que um observador vê como simultâneos são vistos com um intervalo de tempo por outro observador. O intervalo de tempo entre dois eventos em duas localizações espacialmente diferentes não é um absoluto: um observador pode presenciar dois acontecimentos simultaneamente, outro observador pode afirmar que um dos acontecimentos ocorreu cinco segundos antes do outro, um terceiro observador pode dizer que um dos acontecimentos ocorreu dez segundos antes do outro. O intervalo entre os dois acontecimentos depende do sistema de coordenadas inercial do observador. Esses resultados violam o senso comum e perturbam as emoções. Embora o intervalo temporal entre dois acontecimentos dependa do sistema de coordenadas, a relação entre causa e efeito não. Dentro da teoria especial da relatividade, a causalidade é preservada, ou seja, a causa precede *sempre* o efeito. O intervalo entre causa e efeito pode variar com o sistema de coordenadas inercial, mas a ordem não pode ser invertida.

Numa carta de Maio de 1905 a Conrad Habicht, a mesma em que considerava o artigo de Março «muito revolucionário», Einstein refere-se ao artigo de Junho iminente, afirmando que diz respeito à electrodinâmica dos corpos em movimento, e se baseia numa «modificação da teoria do espaço e tempo; a parte puramente cinemática deste artigo de certeza que te vai interessar»[16]. De facto, depois de Junho de 1905, a nossa compreensão do nosso mundo tridimensional de senso comum transformou-se, passando a incluir o estranho universo a quatro dimensões da Natureza, no qual a dimensão do tempo de certa forma se funde com as três dimensões do espaço.

«A parte puramente cinemática deste artigo» é o que Einstein apresenta na primeira parte do artigo de Junho, a parte que abala as sensibilidades humanas. A segunda parte aplica os dois princípios do electromagnetismo. Lembremos que o título do artigo é «Sobre a Electrodinâmica dos Corpos em Movimento». Foram as «assimetrias» no domínio do electromagnetismo que existiam entre diferentes sistemas de coordenadas inerciais que, segundo Einstein, o «compeliram» a desenvolver a teoria espacial da relatividade. Na segunda parte Einstein demonstrou que as suas equações de transformação (as equações de transformação de Lorentz) podiam aplicar-se às equações do electromagnetismo e mantinham a sua validade em todos os sistemas de coordenadas inerciais. Também demonstrou que «a assimetria mencionada na Introdução, quando se considera as correntes produzidas pelo movimento relativo de um magneto e de um condutor, desaparece»([17]). Os dois princípios de Einstein, trabalhando em conjunto, resolveram as «assimetrias».

Neste célebre artigo de Junho, Einstein não incluiu citações. Muito do seu material de origem andava «no ar» entre os cientistas em 1905, e algumas dessas ideias haviam sido publicadas. Einstein podia ter citado o trabalho de Lorentz e de Poincaré; contudo, fazê-lo teria sido algo artificial e talvez até pouco sincero. No desenvolvimento da sua teoria especial da relatividade, Einstein não partiu de trabalhos alheios, nem retirou algo deles. Adoptou dois princípios como axiomas, e através da sua coragem intelectual, desvelou as consequências ocultas dos dois princípios. No final do artigo, ele agradeceu ao seu amigo Michele Besso.

A reacção

Segundo a sua irmã Maja, Einstein contava com reacções rápidas ao seu artigo de Junho:

> «O jovem estudioso», escreveu Maja, «imaginava que a sua publicação na revista [*Annalen der Physik*] de grande renome e público despertaria atenção imediata. Ele aguardava uma oposição dura e as críticas mais severas. Mas ficou muito decepcionado. À sua publicação seguiu-se um silêncio glacial. Os números seguintes da revista não continham qualquer menção ao seu artigo. Os círculos profissionais tomaram uma atitude de esperar para ver».([18])

O silêncio foi breve, e quando foi quebrado, Einstein deve ter desejado que ele continuasse. Parecia haver problemas. Walter Kaufmann, um físico experimental muito proeminente, foi o autor do primeiro artigo em *Annalen der Physik*, em 1906, que menciona especificamente o artigo de Junho de Einstein.

Logo antes de exprimir o seu agradecimento a Besso no artigo de Junho, Einstein concluía: «Estas três relações são a expressão completa das leis pelas quais o electrão se deve mover segundo a teoria aqui exposta» ([19]). Relativamente ao movimento dos electrões, estas palavras não lhe deixavam espaço de manobra. Quer Einstein soubesse ou não, desde 1887 que Kaufmann vinha levando a cabo experiências sobre o movimento dos electrões rápidos em campos electromagnéticos, e possuía dados experimentais. Como é que esses dados se harmonizavam com a teoria de Einstein? Kaufmann principia o seu artigo de 1906 com estas palavras: «Eu antecipo já aqui o resultado geral das medições a descrever: *os resultados das medições não são compatíveis com os pressupostos fundamentais de Lorentz-Einstein*»([20]). O peso de Kaufmann era tal que os seus dados experimentais atraíam a atenção de outros físicos; de facto, dois deles tinham desenvolvido uma teoria física para explicar os resultados experimentais de Kaufmann, o primeiro em 1902 e o segundo em 1904. Em 1906, Einstein enfrentava dados contraditórios e duas teorias concorrentes.

Saiu Einstein em sua própria defesa? Durante um ano ele pouco disse publicamente. Sempre confiante na sua física, respondeu em 1907 pedindo tempo e um «*corpus* de observações mais diverso» antes de denegar a sua teoria em favor em favor dos dados de Kaufmann([21]). No entanto, Einstein fez comentários específicos sobre as duas teorias criadas para explicar os dados de Kaufmann. Os seus reparos revelam o que constitui, para ele, a «perfeição interna» de uma teoria física: «Na minha opinião, ambas as teorias têm uma probabilidade muito reduzida, porque os seus pressupostos fundamentais relativamente à massa dos electrões em movimento não são explicáveis em termos dos sistemas teóricos que abrangem uma maior complexidade de fenómenos»([22]). Só em 1916 é que foram identificadas as falhas nos procedimentos experimentais de Kaufmann; quando corrigida, a disparidade entre os dados deste e a teoria de Einstein desapareceu. Muito antes de 1916, porém, Einstein recebeu uma carta tranquilizadora de Alfred Bucherer que, como Kaufmann, também efectuava experiências com electrões rápidos. Em 1908 Bucherer escreveu: «Antes de mais, gostaria de tomar a liberdade de o informar que, através de cuidadosas experiências, provei a validade do princípio da relatividade para lá de qualquer dúvida»(^{23}).

Em 1906, para além do perturbante artigo de Kaufmann, Einstein recebia cartas acerca da sua teoria da relatividade, e os físicos vinham falar com ele no serviço de patentes de Berna. Em 1911, os manuscritos sobre a relatividade submetidos a *Annalen der Physik* eram em tal quantidade que Max Planck, o consultor para física teórica do editor da revista, sugeriu que fossem canalizados para outra publicação(^{24}).

A reacção à teoria da relatividade de Einstein foi intensa. Foi também confusa. A teoria corpuscular da luz, que Einstein propusera no seu revolucionário artigo de Março, fora prontamente rejeitada pelos cientistas, mas estes fizeram-no calmamente. Pouco se dissera sobre os *quanta* de luz de Einstein. Os cientistas foram mais veementes, porém, com o artigo de Junho, porque este rompia com a ordem estabelecida. De todos os artigos de Einstein em 1905, é o de Junho que se destaca pela controvérsia que gerou. Mais, a reacção abrange extremos. Por um lado, havia os que aceitavam a lógica firme da teoria, e tinham Einstein em grande consideração. Por outro, havia quem rejeitasse veementemente a teoria, e olhasse o seu criador com desprezo, especialmente depois de 1919.

As reacções à teoria especial da relatividade de Einstein foram intensificadas pela sua teoria geral da relatividade de 1915, que, depois de ter estado adormecida durante a Primeira Guerra Mundial, readquiriu importância em 1919 quando Arthur Eddington verificou que a luz de uma estrela deflectia quando roçava o Sol a caminho da Terra – uma previsão crucial da teoria geral. A confirmação da teoria geral por Eddington colocou Einstein na arena pública e, pouco depois, ele tornou-se alvo de ataques pessoais.

Desde o princípio, a teoria especial da relatividade de Einstein estimulou as ideias e inflamou as emoções, quer dos apoiantes quer dos opositores, dentro e fora da profissão de físico. Como editor da *American Journal of Physics* entre 1978 e 1988, recebi muitos manuscritos cujos autores atacavam a teoria da relatividade e pretendiam revelar vários enganos que Einstein cometera. Muitos manuscritos eram guiados tanto pela emoção como por considerações intelectuais. Muitos achavam as consequências da teoria especial demasiado abstractas e demasiado contrárias ao senso comum. Outros aceitavam a teoria mas rejeitavam as suas implicações. Outros, ainda, não podiam aceitar uma teoria que era, na essência, o produto do puro pensamento em vez de factos experimentais concretos. Alguns não podiam simplesmente desistir do éter. As reacções variavam de um conntexto e ambiente intelectual nacional para outro[25].

Em 1911, numa comunicação oficial, o presidente da Sociedade Americana de Física exprimiu o seu pouco à - vontade com as consequências da teoria: «Nem em sonhos consigo fazer-me acreditar na realidade da quarta dimensão». Continuou: «Podemos nós aventurar-nos a acreditar que os novos espaço e tempo apresentados pelo princípio da relatividade ou são inteligíveis já agora, ou que passarão a sê-lo daqui por diante?»[26] Em Agosto de 1920 houve uma reunião na maior sala de espectáculos de Berlim com o objectivo expresso de atacar a teoria da relatividade e o seu autor. E num editorial do *New York Times* publicado a 28 de Janeiro de 1928, lemos: «Tennyson reclamava para a fé a função de crer no que não podemos provar. A nova física fica perigosamente perto de dar aquilo em que a maioria não pode crer; pelo menos até abandonarmos por completo noções e formas de pensamento estabelecidas. A relatividade traduz o tempo em termos de espaço e o espaço em termos de tempo»[28].

Entre a maioria dos físicos, particularmente entre os principais físicos, a teoria da relatividade era largamente aceite em 1911, embora não por todos. Alguns opuseram-se-lhe até aos anos 20 e 30. Por exemplo, os físicos Philip Lenard e Johannes Stark, vencedores do Nobel, não só eram hostis à física teórica em geral, como anti-semitas e, mais tarde, nazis empenhados. Dito de forma suave, nem Lenard nem Stark tinham qualquer consideração por Einstein. Em 1911, Max Laue, o aluno favorito de Max Planck, publicou o primeiro livro, muito bom, sobre a relatividade, *Das Relativitätsprinzip*[29]. Nesse mesmo ano, Arnold Sommerfeld, um destacado físico de Munique, descreveu a teoria da relatividade de

Einstein «como uma das riquezas seguras da física»([30]). Em 1910, a faculdade da Universidade de Praga recomendou que fosse oferecido a Einstein um lugar na faculdade pelo seu trabalho «fundador» na teoria da relatividade. Einstein aceitou o lugar em 1911([31]).

Em 1917, Einstein começou a receber nomeações para o Prémio Nobel da Física. Contudo, o caminho entre as nomeações e o prémio em si foi angustiante. O nome de Einstein dominava a lista dos nomeados em 1920, um ano depois de a previsão da teoria geral ter sido confirmada por Eddington, mas o Comité do Nobel para a Física rejeitou-o. Nenhum membro do comité via com bons olhos a teoria da relatividade e também duvidavam da validade da experiência de Eddington. «Einstein não deve receber o Prémio Nobel nunca, mesmo que o mundo inteiro o exija», declarou um membro importante do comité para a Física([32]). Perante as muitas nomeações para Einstein, o comité para a Física, determinado como estava a evitar distingui-lo, resolveu não atribuir o prémio em 1921.

Quando se consideravam os nomeados para o prémio de 1922, Einstein ganhou um defensor no comité do Nobel para a Física na pessoa de Carl Wilhelm Oseen. Oseen sabia que os membros do comité se opunham à relatividade por questões emocionais, por isso elaborou uma estratégia. A teoria corpuscular da luz de Einstein, proposta no artigo de Março, fora amplamente rejeitada pelos físicos e não podia ser a base do prémio. Oseen defendeu que a teoria do efeito fotoeléctrico, no entanto, que constava do artigo de Março e fora verificada com precisão por Robert Millikan, era merecedora do prémio. A estratégia de Oseen incluía promover Niels Bohr para o prémio ao mesmo tempo. Quando o comité votou a 6 de Setembro de 1922, concordou em outorgar o prémio da Física de 1921 a Einstein pelo efeito fotoeléctrico e o prémio de 1922 a Bohr.

O comité para a Física fez a sua recomendação a toda a Academia Sueca, que tinha a palavra final. Alguns membros da academia estavam preocupados com a reacção à não distinção de Einstein pela teoria da relatividade, mas a oposição a esta era forte. No final, a academia aceitou a recomendação do comité para a Física e concedeu o Prémio Nobel de 1921 a Einstein «pelos seus serviços à Física Teórica, e especialmente pela sua descoberta da lei do efeito fotoeléctrico». Mas havia uma cláusula: Einstein recebia o prémio na condição de que não faria menção à relatividade. Disseram-lhe que a sua conferência do Nobel tinha de ser sobre o efeito fotoeléctrico.

Einstein não pôde comparecer à cerimónia formal do Prémio Nobel em Dezembro de 1922. Mais tarde combinou dar a sua conferência, no Verão de 1923, não em Estocolmo, mas em Gotemburgo. Sentado na primeira fila do auditório do parque de diversões de Lisenberg, em Gotemburgo, estava o rei da Suécia, Gustavo V, que queria informar-se sobre a relatividade. Na sua conferência do Nobel, Einstein acabou por falar sobre a teoria da relatividade.

Desde 1905, a teoria especial da relatividade tem sido posta à prova experimentalmente da direita para a esquerda, de trás para a frente, e de cima para baixo. A teoria enfrentou todos os desafios. Os relógios em movimento *realmente* abrandam, a velocidade da luz *é* o limite de velocidade reconhecido pela Natureza, o momento de um objecto *depende* do sistema de referência inercial em que ele se encontra, o efeito Doppler relativista *foi* verificado, e a lista continua. Os princípios da relatividade especial são verificados experimentalmente todos os dias, em laboratórios onde as partículas são aceleradas a velocidades próximas das da luz. A teoria mantém-se firme, sempre.

Hoje a teoria especial da relatividade ganhou o seu lugar como superteoria. Qualquer teoria física deve integrar a teoria da relatividade de Einstein. A mecânica quântica, *per se*, ganhou a sua forma final em 1927. Mas não foi realmente final, porque não era compatível com a teoria da relatividade de Einstein. O passo final foi dado em 1928 quando Paul Dirac fundiu a mecânica quântica e a relatividade. Dessa fusão resultaram propriedades do electrão e aspectos da natureza, como a antimatéria, que não provieram da mecânica quântica isolada. O poder e alcance da mecânica quântica foram intensificados pela sua compatibilidade com a relatividade. Nesse sentido, a relatividade completou a mecânica quântica.

A relatividade é uma superteoria noutro sentido: a sua influência além da física é substancial. A relatividade estimula e influencia o discurso filosófico. A epistemologia – o modo como conhecemos – é afectada pela relatividade de Einstein. De igual modo, o idealismo, o realismo e o materialismo são debatidos hoje de forma diferente do que eram antes de 1905. Os artistas, escritores e poetas foram inspirados pela teoria da relatividade e pelo seu criador. A ciência normalmente afecta a cultura dominante através da tecnologia, mas a física, que procura compreender os equilíbrios estruturais da natureza, amiúde influencia a cultura através da novidade dos seus conceitos. A teoria da relatividade – a especial e a geral – está repleta de ideias profundas e fascinantes, e como resultado tornou-se parte da nossa cultura.

A electrodinâmica motivou o artigo de Junho de Einstein, mas foi a parte cinemática que, ao longo de décadas, chamou a atenção. Isso sucede em parte porque os campos eléctricos e magnéticos são ideias bastante abstractas, e não fazem parte da experiência quotidiana. Em contraste, o comprimento dos objectos, os relógios, o tempo, a simultaneidade, os intervalos de tempo e a velocidade são partes habituais das nossas vidas. As nossas noções de comprimento e tempo assentam numa compreensão bem fundada. Acreditamos que *sabemos* o que significa simultaneidade. E é por isso que a reacção do público à teoria especial da relatividade e às suas consequências foi, e é, de incredulidade, tanto de amadores como de profissionais. Até Hendrik Lorentz, um dos maiores físicos do fim do século XIX e início do século XX, compreendia com certeza a relatividade de Einstein, mas não conseguia obrigar-se verdadeiramente a aceitar as conclusões que resultavam do artigo de Junho. Nas suas conferências de 1913 na Fundação Teyler, em Haarlem, Lorentz afirmou,

> Segundo Einstein, falar de movimento em relação ao éter não tem significado. Ele nega igualmente a existência da simultaneidade absoluta ... É certamente notável que esses conceitos da relatividade, e também os respeitantes ao tempo, tenham obtido tão rápida aceitação ... No que a este conferencista diz respeito, ele encontra alguma satisfação nas interpretações mais antigas, segundo as quais o éter possui pelo menos alguma substancialidade, o espaço e o tempo podem ser firmemente separados, e pode-se falar de simultaneidade sem mais especificações...

Por fim, note-se que a afirmação ousada de que nunca se pode observar velocidades maiores do que a velocidade da luz contém uma restrição hipotética do que nos está acessível, [uma restrição] que não pode ser aceite sem alguma reserva.(^{33})

Todos nós, físicos e não físicos, nos sentimos à vontade com o nosso senso comum, e detestamos abdicar dele.

O século XX começou com três grandes teorias da física. Hoje elas são cinco. Ocorreram duas revoluções na física durante o século que alteraram fundamentalmente o modo como os físicos vêem o mundo. A mecânica quântica mudou a maneira como os físicos descrevem o mundo dos átomos e moléculas. A teoria da relatividade de Einstein modificou o palco do espaço-tempo no qual se desenrola o drama da Natureza. Olhando atrás, para 1905, há um engano que Einstein cometeu em Maio desse ano. Na carta ao seu grande amigo Besso, ele identificava *um* artigo, o artigo de Março, como o seu artigo revolucionário. Ele estava enganado. Havia *dois* artigos revolucionários: o de Março, sobre a natureza corpuscular da luz, e o de Junho, sobre a teoria da relatividade.

Ist die Trägheit eines Körpers von seinem Energieeinhalt abhängig?*

A. Einstein

O artigo foi recebido pelo editor da revista alemã *Annalen der Physik* a 27 de Setembro de 1905, e publicado nesse mesmo ano no volume 18, páginas 639-641.

---

* A Inércia de um Corpo Depende da Seu Conteúdo Energético? [Does the Inertia of a Body Depend on its Energy Content?]

Albert Einstein em 2 de Janeiro de 1931, durante a sua terceira estada nos Estados Unidos. Quando Einstein demonstrou no seu artigo de Setembro que a energia e a massa eram equivalentes, deve ter-se sentido um tanto como parece neste retrato... um pouco endiabrado?

Setembro

A Equação Mais Famosa

Galileu, um dos fundadores da ciência moderna, disse que a linguagem da Natureza é a matemática. O que Galileu disse há muitos séculos ainda hoje é verdade. A física tenta identificar as leis invisíveis que determinam as configurações do mundo visível. Todo este mecanismo é construído sobre algumas leis básicas da Natureza, surpreendentemente simples. Porque são simples, podem ser traduzidas matematicamente. A matemática requer simplicidade de expressão; por conseguinte, as leis básicas são expressas em termos de matemática. Mesmo uma compreensão rudimentar das leis invisíveis da física pode inspirar o maravilhamento: a simplicidade disfarça-lhes o alcance, nega o seu poder, e não fornece qualquer suspeita dos pormenores refinados que revelam acerca das diversas acções da Natureza.

Que as leis físicas da Natureza sejam simples não significa que a própria Natureza seja simples. Geralmente a simplicidade de uma lei física é consequência de esta representar uma idealização ou uma aproximação. Por exemplo, Galileu afirmou que dois objectos, um leve e um pesado, quando deixados cair juntos da mesma altura, chegam ao solo ao mesmo tempo. Bem, não exactamente, admitiu Galileu. Não obstante, continuou, se o ar fosse eliminado e os dois objectos caíssem através de um vácuo, atingiriam de facto o chão juntos. O ar faz parte da Natureza e deve ser tido em alguma conta, é claro; no entanto, idealizar a queda de um objecto removendo a complicação do ar foi a maneira como Galileu vislumbrou uma lei simples em acção.

O poder de aplicar as leis básicas da física resulta das suas expressões matemáticas. Reúnam-se mais ou menos uma dúzia de leis, com as suas numerosas aplicações, e as equações matemáticas multiplicam-se. A física está repleta de equações, simples e complicadas. Contudo, algumas equações desfrutam de proeminência porque o seu alcance é mais vasto e porque abarcam com mais intimidade a Natureza. E algumas equações adquiriram significado simbólico.

Cada uma das cinco grandes teorias da física pode ostentar muitas equações matemáticas maravilhosas. No entanto, suponhamos que nos pedissem para seleccionar apenas uma equação, uma equação simples, para simbolizar cada grande teoria física. Quais as cinco equações que surgiriam? As opiniões podem divergir, mas eis cinco equações que estariam presentes em muitas, se não a maioria, das listas:

1. Mecânica newtoniana $\qquad F = ma$
Esta é a segunda lei de Newton, a lei mais básica do movimento. Esta equação afirma que quando a força F actua sobre uma massa m, esta acelera com uma aceleração a na mesma direcção da força aplicada.

2. Termodinâmica $\qquad S = k \ln \Omega$
Einstein referia-se a este como o Princípio de Boltzmann. Este relaciona a entropia S de um estado ao logaritmo da probabilidade do estado Ω. A constante de Boltzmann é k. Um estado de alta probabilidade é um estado de alta entropia.

3. Electromagnetismo $\qquad c = 1/(\varepsilon_0 \mu_0)^{1/2}$
Com base nas equações básicas do electromagnetismo de Maxwell vem a velocidade da luz c em termos de uma constante eléctrica ε_0 e uma constante magnética μ_0.

4. Relatividade $\qquad E = mc^2$
A famosa equação de Einstein relaciona a energia E e a massa m através do quadrado da velocidade da luz c.

5. Mecânica Quântica $\qquad E = h\nu$
Esta é por vezes chamada a equação de Planck. Dá a energia E de uma partícula de luz com a frequência ν. A letra h representa a constante de Planck.

Cada uma destas equações representa uma teoria física importante. Cada uma destas equações simples tem muitas camadas conceptuais que, quando desvendadas, contam uma longa história. Só uma destas equações, porém, é conhecida por gente de todas as profissões, em todas as ocupações e estratos sociais pelo mundo inteiro. Essa equação é a simples $E = mc^2$ de Einstein. Nem todos podem compreender as minúcias da sua teoria, mas *sabem* que a equação de Einstein significa algo de muito importante. Seja qual for o nível de compreensão com que a encarem as pessoas, a equação de Einstein, apresentada pela primeira vez no seu artigo de Setembro de 1905, tornou-se parte da cultura mundial.

O contexto

O que motivou Einstein a escrever o seu artigo de Setembro de 1905? Ou, de maneira mais geral, o que o motivou a escrever qualquer dos seus artigos de 1905? É certo que Einstein estava perturbado pelas ideias contraditórias da luz como contínua e da matéria como descontínua, que no entanto existiam lado a lado. Embora essa contradição não chamasse a atenção dos outros físicos em 1905, motivava o pensamento de Einstein e levou-o a escrever o artigo revolucionário de Março. É certo que as assimetrias formais que emergiam das cargas e magnetos em movimento eram inaceitáveis para Einstein e, até certo ponto, desafiavam o seu intelecto. A teoria especial da relatividade solucionou essas assimetrias. Para Einstein, contradições e assimetrias eram sinal de que algo estava profundamente errado.

As contradições e as assimetrias, como Einstein as via, eram questões de forma. E os puzzles experimentais não resolvidos? Incomodavam Einstein? Quando ele escreveu o seu artigo de Março, o efeito fotoeléctrico não estava explicado; quando escreveu o artigo de Maio, o movimento browniano não estava explicado; e quando escreveu o artigo de Junho, o éter não se revelara nem nas experiências mais rigorosas. Como é evidente, a falta de provas para o éter ubíquo atormentava os cérebros dos físicos contemporâneos de Einstein. Esses fenómenos físicos a aguardar explicação motivavam Einstein? Ele lera o livro de 1902 de Poincaré, por isso sabia do efeito fotoeléctrico e do movimento browniano. Na verdade, ele aplicou a sua teoria corpuscular da luz ao efeito fotoeléctrico e resolveu todos os enigmas associados ao fenómeno que estavam a embaraçar os seus contemporâneos. Mas será que o efeito fotoeléctrico estimulava realmente Einstein, ou era só uma forma óbvia de granjear apoio para a sua teoria revolucionária da partícula de luz que, para ele, solucionava o enigma da continuidade--descontinuidade?

Não é possível dar uma resposta definitiva a estas perguntas. É melhor acreditar em Einstein e perceber as suas motivações nos termos que ele nos explicou – pontos de vista contraditórios, assimetrias, dificuldades lógicas, e por aí afora.

A motivação por trás do artigo de Setembro parece mais evidente, mas contarão as aparências toda a história? Numa carta a Conrad Habicht, escrita no Verão de 1905, Einstein escreve:

> Uma consequência do estudo da electrodinâmica [o artigo de Junho] passou-me pela ideia. Concretamente, o princípio da relatividade, associado às equações fundamentais de Maxwell, exige que a massa seja uma medida directa da energia contida num corpo; a luz transporta massa. No caso do rádio, teria de ocorrer uma redução perceptível de massa. A consideração é divertida e sedutora; mas, tanto quanto sei, Deus Todo Poderoso deve estar a rir de tudo isto, e pode ter andado a enganar-me.([1])

Esta carta foi muito provavelmente o único presságio do artigo de Setembro, que em breve se lhe seguiria. As palavras de Einstein a Habicht dão a entender duas vias pelas quais ele pode ter chegado ao artigo. Primeiro, e talvez com mais probabilidade, ele veio a perceber que a relação massa-energia era uma consequência inevitável da sua teoria da relatividade. No fim de contas, é o que ele diz a Habicht. Mas com extraordinária presciência, Einstein acrescenta algo: ele menciona o rádio ... Rádio radioactivo.

A radioactividade foi descoberta por Henri Becquerel em 1896, e no Verão de 1905 a física que lhe estava subjacente permanecia um mistério. O núcleo atómico, a origem da radioactividade, só seria descoberto em 1911. O que *era* conhecido em 1905 eram alguns factos experimentais sobre o fenómeno da radioactividade. Especificamente, sabia-se que os átomos radioactivos emitem de repente partículas altamente energéticas: em alguns casos partículas alfa bastante maciças, noutros casos partículas beta menos maciças, e noutros casos ainda, radiação na forma de raios-γ. Em todos esses casos, porém, essas emissões radioactivas possuíam energia. De onde vinha a energia? Einstein reflectiu sobre a radioactividade e interrogou-se sobre como um átomo podia irromper subitamente e emitir uma partícula alfa energética? Foi o fenómeno da radioactividade que o levou a examinar novamente a sua teoria da relatividade para ver se estava próxima mais uma consequência inesperada?

Embora não se conheça resposta conclusiva, certamente que Einstein sabia do rádio radioactivo. Este pode ter estimulado um raciocínio que resultou no artigo de Setembro. Ou talvez ele tenha simplesmente apreciado meditar mais profundamente na sua maravilhosa teoria da relatividade, para ver se esta ainda poderia conter mais recompensas. De uma maneira ou de outra, o artigo de Setembro foi o resultado.

Esse artigo é qualitativamente diferente dos seus outros artigos de 1905. Por um lado, a equação $E = mc^2$ parecia ter vindo do nada. Ninguém a previra. Não se lhe conhecia qualquer necessidade. Por outro, a equação podia ter origem directamente no artigo de Junho.

Einstein entregou o seu artigo sobre a teoria especial da relatividade nos últimos dias de Junho. Depois, no final de Setembro, entregou o artigo que relacionava massa e energia. O artigo de Setembro não inovava do mesmo modo que o de Junho. Muito pelo contrário. O artigo de Setembro assentava nos alicerces do de Junho. No artigo de Junho Einstein desenvolveu um conjunto de ideias novas, cuja verdade foi desenvolvida no de Setembro. Segundo as premissas do artigo de Junho, E tinha de ser igual a mc^2. Se Einstein não tivesse obtido $E = mc^2$ em Setembro, é provável que outro físico o fizesse algum tempo depois. A equação é simplesmente uma consequência lógica. Isso não diminui o seu carácter revolucionário. Tal como a contracção do comprimento e o abrandamento dos relógios, a noção de que dois conceitos físicos, a massa e a energia, são iguais, que a massa é «uma medida directa da energia contida num corpo», é mais uma consequência da teoria especial da relatividade que desafia o nosso senso comum.

O artigo de Setembro de 1905

«Os resultados de uma investigação electrodinâmica publicada por mim recentemente nesta revista», principia Einstein, referindo-se ao seu artigo de Junho, «levam a uma conclusão muito interessante, que será aqui retirada». Einstein faz em seguida um resumo sucinto do artigo de Junho: «As leis que governam as mudanças de estado dos sistemas físicos não dependem de a qual dos dois sistemas de coordenadas, em translação paralela uniforme relativamente um ao outro, se refiram essas mudanças de estado (princípio da relatividade)»([2]).

O artigo de Setembro é o mais curto dos artigos de Einstein em 1905 – apenas três páginas. Podia ter sido o capítulo final do artigo de Junho – teria sido uma conclusão espectacular. Nos artigos de Junho e de Setembro é pedido ao leitor que imagine acontecimentos vistos por observadores em dois sistemas de coordenadas inerciais – um em repouso e outro em movimento uniforme. Quando são comparados os resultados de medições nos dois sistemas de coordenadas, surgem resultados bizarros.

Do princípio ao fim, Einstein leva-nos através de três passos. Primeiro, pede que imaginemos ondas de luz([3]). As ondas de luz (ou partículas de luz) transportam energia, como ficou demonstrado na análise do efeito fotoeléctrico por Einstein. É a energia da luz, transferida para os electrões na superfície do metal, que daí emite os electrões. As energias das ondas de luz imaginadas por Einstein são medidas relativamente a dois sistemas de coordenadas inerciais. Primeiro, a energia é medida no sistema de coordenadas 1, depois no sistema de coordenadas 2, que se está a deslocar a uma velocidade constante v relativamente ao sistema 1. Fazendo uso da teoria da relatividade desenvolvida no artigo de Junho, Einstein regista a energia das ondas de luz da perspectiva dos dois sistemas de coordenadas inerciais.

No segundo passo ele considera um objecto que está em repouso relativamente a um sistema de coordenadas inercial, mas que se move a uma velocidade constante v relativamente a um segundo sistema de coordenadas inercial. Como sempre, os observadores podem ser identificados com cada sistema de coordenadas.

Para apreciar o terceiro passo de Einstein, precisamos de uma definição. No segundo passo, ele introduziu um objecto. Vamos supor que este tem uma massa m. O primeiro observador está próximo do objecto e vê-o em repouso ($v = 0$). O segundo observador vê o objecto em movimento com uma velocidade v, o que significa que para esse observador o objecto tem energia de movimento, a que se chama energia cinética. O segundo observador vê um objecto a deslocar-se com a energia cinética de $½mv^2$. Contudo, estará o objecto a deslocar-se com uma velocidade v para leste, ou estará o segundo observador a deslocar-se com uma velocidade v para oeste? Em qualquer dos casos, o segundo observador vê o objecto a mover-se com uma velocidade v e possuindo uma energia cinética igual a $½mv^2$. É melhor dizer simplesmente que existe um movimento relativo entre o segundo observador e o objecto, e que, ou o objecto se está a mover relativamente ao observador, ou o observador se está a mover em relação ao objecto.

Seguindo esses dois passos, Einstein juntou-os no terceiro passo. Suponhamos que o objecto no passo anterior emite duas ondas de luz em direcções exactamente opostas. Se cada onda de luz tiver a energia $E/2$, então a energia total transportada pelas duas ondas de luz será E. Dado que as ondas de luz têm origem no objecto, e visto que transportam uma energia total de E, a energia do objecto deve diminuir na quantidade E. Einstein examina este processo de emissão de luz da perspectiva dos dois observadores: um em repouso relativamente ao objecto (o observador de cima na ilustração) e um segundo para quem o objecto está em movimento (o observador de baixo na ilustração). Segundo o princípio da relatividade, as leis da física são as mesmas em todos os sistemas de coordenadas inerciais, portanto a conservação da energia pode ser empregada tanto no sistema de coordenadas em repouso como no sistema em movimento. Einstein demonstra então que para o segundo observador (o observador de baixo), a olhar para o objecto que se desloca, a perda de energia E, devido à emissão de luz, é vista como uma diminuição na energia cinética do objecto. Como pode a energia cinética, $½mv^2$, diminuir? Ou por um decréscimo na velocidade v do objecto, ou por uma diminuição na sua massa, m.

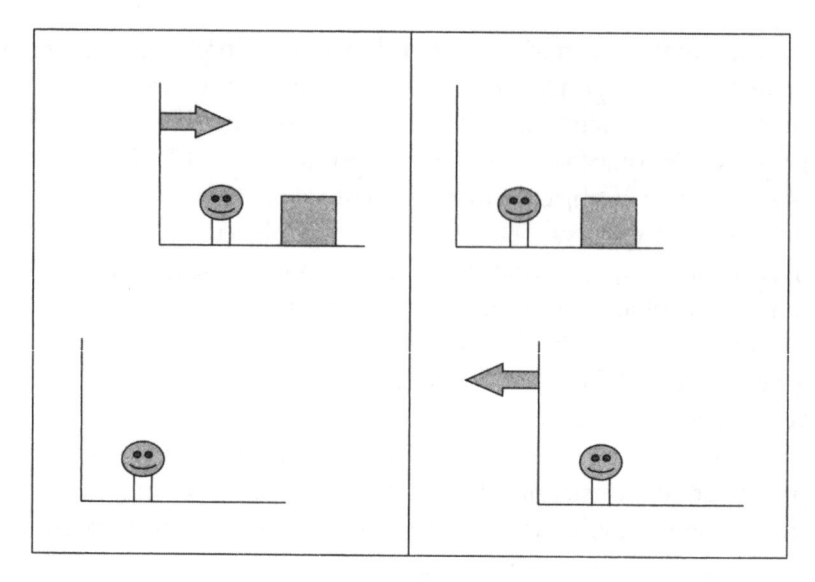

O observador em baixo, à esquerda, vê o observador de cima à esquerda e a caixa a deslocar-se para a direita com uma velocidade constante v. O observador de cima, à direita, vê o observador de baixo, à direita, deslocando-se para a esquerda à mesma velocidade v constante. Dado que os dois sistemas de coordenadas inerciais são equivalentes, não há maneira física de determinar que sistema de coordenadas, o de cima ou o de baixo, se está realmente a mover. Tudo o que se pode dizer é que os dois sistemas se estão a mover um em relação ao outro. O observador de baixo vê a caixa a mover-se com uma velocidade v e uma energia cinética $½ mv^2$, enquanto o observador de cima vê a caixa imóvel.

Mas visto que a velocidade pode ser identificada tanto com o objecto como com o observador (como mostra a ilustração), o decréscimo na energia cinética do objecto não se pode dever a uma diminuição de velocidade. Isso quer dizer que a massa do objecto tem de diminuir. Com efeito, Einstein mostra que a energia cinética do objecto diminui na quantidade $½(E/c^2)v^2$, o que significa que a massa do objecto diminuiu na quantidade E/c^2. Podemos escrever este resultado de uma maneira mais esclarecedora:

massa perdida = $m_{perdida}$ = (Energia perdida/c^2) = ($E_{perdida}/c^2$)

ou,

$E_{perdida} = m_{perdida} c^2$

Ou, mais simplesmente,

$E = mc^2$.

Einstein continua:

> Desta equação resulta directamente que: se um corpo libertar a energia E na forma de radiação, a sua massa diminui em E/c^2. Visto que, evidentemente, aqui não é essencial que a energia retirada do corpo se transforme em energia de radiação em vez de outra espécie qualquer de energia, somos levados à conclusão mais geral: a massa de um corpo é a medida do seu conteúdo de energia; se a energia mudar em E, a massa muda no mesmo sentido em E/c^2.(⁴)

A forma padrão da famosa equação de Einstein, $E = mc^2$, põe a ênfase na energia. Se porém lermos atentamente as suas palavras acima, Einstein pode muito bem ter pensado de modo diferente. Ele escreve, «a massa de um corpo é uma medida», o que dá a entender uma ênfase na massa; de facto, em termos das palavras que usou, Einstein exprimiu a sua equação como

$m = E/c^2$,

o que coloca a massa, m, na posição de destaque da equação. Terá sido deliberado? Terá sido outro exemplo da espantosa presciência de Einstein? Continua.

Einstein inicia o seu artigo de Setembro referindo-se ao de Junho. Os «resultados de uma investigação electrodinâmica», escreve, «levam a uma conclusão muito interessante». A conclusão é a célebre $E = mc^2$. Mas é verdade? Ou, como ele se interrogava, «Deus Todo-Poderoso estava a enganá[-lo]»? Como de costume, ele liga os seus resultados teóricos com maneiras de os pôr à prova. Einstein conclui o seu artigo sugerindo um teste possível para determinar se a energia e a massa estavam relacionadas como ele predissera. O elemento radioactivo rádio tinha sido descoberto por Marie Curie sete anos antes, em 1898. Dado que um átomo de rádio perde energia no seu processo de decaimento radioactivo, e dado que a energia pode produzir-se à custa da massa, Einstein sugeriu que seria possível verificar o seu resultado «usando corpos cujo conteúdo de energia seja altamente variável (por exemplo, sais de rádio)».

A frase final do artigo de Setembro considera o resultado prático da sua teoria: «Se a teoria concordar com os factos, então a radiação transmite inércia [massa] entre os corpos emissores e absorventes»([5]). Visto que a radiação nada é senão energia, e visto que a inércia é massa, as palavras de Einstein podiam ter sido «a energia transmite massa». O que quer isso dizer? Segundo a sua equação, a energia e a massa são uma só coisa. Porque parecem tão diferentes, a sua singularidade é fantástica. Como é que a velocidade da luz, ao quadrado, entra nesta equação?

A energia é um conceito difícil de definir. Tem formas muito diferentes. Existe como energia electromagnética proveniente do Sol, energia eléctrica (ou nuclear) de uma companhia de electricidade, energia química da gasolina, energia térmica de um secador de cabelo, energia potencial de um relógio com a corda dada, energia cinética de uma avalanche, energia acústica da boca de alguém, e energia geotermal do interior da Terra. Ela facilmente passa de uma forma para outra. Está em toda a parte e faz com que as coisas aconteçam. A energia é a parte intangível da famosa equação de Einstein.

A massa está ligada à materialidade. Todo o objecto material possui massa. Como a energia, a massa não é de fácil definição. Há dois tipos de massa, e cada um dos quais pode ser demonstrado. Se pontapearmos uma rocha, a dor resultante é uma demonstração da massa inerte da rocha. Os objectos com uma grande massa inercial resistem bastante à sua deslocação. Se segurarmos um saco de açúcar com o braço esticado, a massa gravitacional do açúcar demonstra-se a si mesma. A massa do açúcar é atraída pela massa da Terra (gravidade em acção), e evitar que o açúcar reaja a essa atracção requer esforço. A massa é a parte tangível da equação de Setembro.

A equação $E = mc^2$ liga a intangibilidade e a tangibilidade e, ao torná-las equivalentes, junta-as como uma só. A energia e a massa *são* diferentes, e é a velocidade da luz que as une.

Há pelo menos três maneiras de explicar a presença de c^2 na equação que relaciona E e m. Primeiro, c^2 está lá por causa do artigo de Junho, ou seja, devido aos dois princípios da teoria especial da relatividade. Começa com esses dois princípios, exige que estes se mantenham válidos para os observadores em todos os sistemas de coordenadas inerciais, segue a lógica até onde ela conduz, e aceita as consequências à medida que vão aparecendo. Uma consequência é a contracção do comprimento, outra é $E = mc^2$. Desse ponto de vista, a igualdade $E = mc^2$ é a consequência directa da teoria mais vasta. Se bem que verdadeiro, isso não é muito satisfatório. Permanece ainda a questão: porque é que a velocidade da luz está na equação?

A segunda forma de explicar a presença de c^2 é um factor de conversão. Este converte uma unidade em outra. Por exemplo, milhas e quilómetros são unidades diferentes de comprimento ou distância. Se quisermos converter uma milha num quilómetro, devemos multiplicar a milha pelo factor de conversão 1,609. O c^2 é o que converte unidades de massa em unidades de energia. Tal como um volume expresso em quartos de galão não pode ser equiparado a uma distância expressa em milhas, uma massa expressa em quilos não pode ser equiparado a uma energia expressa em joules. Quilogramas e joules são unidades incompatíveis. É preciso um factor de conversão([6]). Também aqui a explicação satisfaz pouco.

Uma terceira forma de explicar a presença de c^2 na equação de Einstein é, julgo eu, mais satisfatória. Comecemos com o reconhecimento de que homens e mulheres, durante séculos, procuraram compreender a Natureza. Reconheçamos, também, que as experiências quotidianas, na sua totalidade, fornecem o prisma pelo qual as pessoas observam e interpretam a Natureza. Essas mesmas experiências comuns têm tido influência decisiva na forma como as pessoas descrevem e compreendem a Natureza. Depois, reconheçamos as lições repetidamente aprendidas com as experiências passadas; nomeadamente, que as explicações baseadas nas experiências comuns não podem estender-se automaticamente para lá dessas experiências. Por fim, aceitemos o que Einstein nos ensinou no artigo de Setembro (que foi desde então amplamente verificado); concretamente, ao nível elementar, a Natureza *não* distingue entre energia e massa. O Homem fá-lo, mas a Natureza não. Mais ainda, o Homem fez da massa algo muito diferente da energia. Demonstra--se essa diferença pela observação de que o Homem criou o quilograma como a unidade para a massa, e o joule como unidade para a energia – duas unidades claramente incompatíveis. Se, contudo, o objectivo é descrever fielmente a Natureza, o Homem deve aceitar a Natureza nos seus termos, e encontrar uma maneira de racionalizar a diferença entre o nosso conceito de massa e o nosso conceito de energia. É o que faz o factor c^2. Multiplique-se m por c^2, e, *de facto*, a energia e a massa tornam-se aquilo que a Natureza considera que são: uma só coisa.

O próprio Einstein descreveu a equação da energia da massa de modo um pouco diferente:

> Da teoria da relatividade resulta que massa e energia são ambas manifestações diferentes da mesma coisa – uma concepção algo estranha para o homem comum. Além disso, $E = mc^2$, em que a energia é igual à massa multiplicada pela velocidade da luz ao quadrado, mostrou que uma quantidade muito pequena de massa pode ser convertida numa quantidade muito grande de energia ... a massa e a energia eram de facto equivalentes.([7])

O artigo de Junho uniu o espaço e o tempo. O de Setembro uniu a energia e a massa. O espaço e o tempo parecem totalmente diferentes, e contudo Einstein mostrou que para descrever a Natureza com precisão, deve juntar-se os dois. A massa e a energia também parecem duas coisas completamente não relacionadas. Não são semelhantes, agem similarmente, mas no fundo a Natureza diz-nos que são a mesma coisa. Essa é a conclusão do artigo de Setembro de Einstein.

A reacção

Em 1907, Einstein foi convidado a escrever um artigo de síntese sobre a teoria da relatividade. Nesse artigo, reiterou o seu argumento para a equivalência de massa e energia quando afirmou: «A massa inercial e a energia de um sistema físico parecem ... coisas da mesma espécie ... Parece muito mais natural considerar qualquer massa inercial como uma reserva de energia»([8]). Nesse mesmo artigo Einstein reconhece que a sugestão que fizera no artigo de Setembro de 1905, de verificar a equivalência massa-energia por meio de uma experiência com rádio radioactivo, fora investigada pelo físico J. Precht. Por qualquer razão, Einstein não cita Precht, mas sim o resumo feito por Max Planck dos resultados experimentais de Precht. Mais concretamente, se a energia proveniente de 226 gramas de rádio radioactivo tivesse origem, na sua totalidade, na massa, os 226 gramas de rádio diminuiriam 0,000012 gramas por ano. Visto que essa diminuição de massa é demasiado pequena para se detectar, a equação de Einstein não pode ser verificada através do rádio. Mas a sua intuição original, de que o local para procurar provas da equivalência entre massa e energia era alguma espécie de transformação no interior do átomo, acertara no alvo. Só levou algum tempo.

A equivalência entre massa e energia só foi reconhecida nos anos 30, quando a física nuclear se tornou uma área activa da investigação física. Quando os físicos determinaram que o núcleo do átomo consistia em protões e neutrões, foi preciso responder a uma nova questão: como podem os protões, que se repelem vigorosamente uns aos outros devido às suas cargas positivas, ser mantidos juntos nos limites abrigados do núcleo? A resposta é dada pela equação de Einstein. Quando os protões e neutrões se juntam para formar um núcleo, cada qual perde uma quantidade insignificante da sua massa. Por outras palavras, a massa de um núcleo atómico reunido é menor do que a soma das massas das suas partes não reunidas. Para onde vai a massa? A massa em falta torna-se a energia que mantém o núcleo junto. Se Δm representar a massa perdida pelas partículas quando elas se reúnem num núcleo, então a energia que mantém o núcleo junto é Δmc^2, ou a energia de ligação E igual a Δmc^2. Uma vez reunidas as partículas num núcleo e ligadas entre si por uma energia E, a mesma energia é requerida para separar o núcleo partícula a partícula. Todos os átomos do universo têm um núcleo que prova a equivalência de massa e energia.

No mesmo artigo de 1907, Einstein antecipa novamente coisas vindouras. Depois de reconhecer que a equivalência massa-energia não podia ser verificada com rádio, ele escreve: «Contudo, é possível que sejam detectados processos radioactivos nos quais uma percentagem significativamente maior da massa do átomo original seja convertida na energia de uma variedade de radiações»([9]).

Einstein estava enganado; não era um processo radioactivo, mas o seu instinto, concentrado no interior do átomo, foi estranhamente presciente.

No final de 1938, foi descoberta a fissão nuclear. Quando um núcleo de urânio é atingido por um neutrão, divide-se em duas grandes partes, alguns neutrões, e muita energia. Através de exames descobre-se que a massa total dos bocados depois da fissão é menor do que antes da fissão. A energia produzida vem da perda de massa. O processo da fissão é a base da bomba atómica. Foi a constatação de que o processo de fissão tinha o potencial de uma arma devastadora que persuadiu Einstein a assinar uma carta ao Presidente Roosevelt em 1939, apelando a que iniciasse um programa para determinar a exequibilidade de uma arma nuclear.

Grandes núcleos atómicos podem dividir-se em dois fragmentos relativamente grandes, e assim libertar energia. Pequenos núcleos atómicos podem juntar-se em núcleos maiores, e assim libertar energia. A equação de Setembro $E = mc^2$ explica a fissão e a fusão.

A pequena equação de Einstein também faz com que o Sol brilhe. No núcleo de todas as estrelas, o hidrogénio funde-se com hidrogénio para formar hélio, e neste processo a massa torna-se energia. Com o tempo, a energia gerada no núcleo de uma estrela passa à superfície e, para estrelas como o Sol, mantém uma temperatura à superfície de 5800 graus. Durante muitos anos os físicos tentaram explicar como o Sol produzia a sua energia. Foi através da equação de Setembro que soubemos o que acende as estrelas.

A equação de Einstein chegou antes do seu tempo. Só nos anos 30 é que o núcleo do átomo requereu a equivalência entre massa e energia. Mais tarde, à medida que os físicos do século XX sondaram cada vez mais fundo a estrutura da matéria, a equação de Setembro cumpriu o seu propósito.

Em laboratórios de aceleradores pelo mundo inteiro, a equação de Einstein é fundamental. A equivalência entre massa e energia deve ser tida em conta na concepção dos aceleradores e é essencial quando se analisa as colisões das partículas. Nos gigantescos detectores que rodeiam o local onde os feixes de partículas de alta energia entram em colisão, a unidade da massa-energia é sistematicamente presenciada, quando as massas se transformam em energia e ressurgem a partir da energia.

Com a descoberta da antimatéria, a equação de Einstein tornou-se indispensável. A primeira antipartícula, o positrão, foi descoberta em 1932, e nos anos seguintes seguiu-se a descoberta de outras antipartículas. Quando uma partícula encontra a sua antipartícula, elas aniquilam-se mutuamente e as duas massas transformam-se em energia. Também funciona ao contrário. A energia de um fotão de alta frequência pode subitamente originar um par de partícula-antipartícula. Criação – da energia à massa – e aniquilação – da massa à energia – para trás e para a frente, indiscriminadamente. Como demonstram dramaticamente os processos de criação e aniquilamento, a Natureza não faz distinções entre massa e energia.

Um dos avanços científicos mais incríveis dos últimos anos resultou de uma ligação feita entre dois mundos: o mundo do menor e o mundo do maior. Na Terra, os físicos examinam os detalhes das partículas elementares nos laboratórios de aceleradores, enquanto astrónomos e cosmólogos se deixam transportar para os confins do espaço para examinar como o universo foi criado. Novos dados, obtidos do Telescópio Espacial Hubble quase semanalmente, fizeram retroceder os pensamentos dos cosmólogos para cada vez mais perto da origem do próprio universo: o *big bang*. Ao procurar entender o ambiente cósmico e os acontecimentos ocorridos nos primeiros segundos depois do *big bang* os cosmólogos precisaram de informação recolhida em laboratórios de aceleradores na Terra. Com a reunião dos mundos do maior e do menor, a equação de Einstein tem sido uma ferramenta indispensável. O *big bang* não poderia ser compreendido sem $E = mc^2$. Durante os primeiros segundos após esse acontecimento singular, a massa e a energia dançaram sozinhas, enquanto as aniquilações e criações de partículas prepararam o cenário para o universo que agora habitamos. No fim desses primeiros segundos, o universo havia arrefecido até o ponto em que a dança entre a massa e a energia se transformara num *pas de deux*: a energia e a massa *podiam* trocar de parceiros porque estavam ligadas pela Natureza, mas a facilidade com que trocavam de identidade tinha diminuído, e começaram a assumir as aparências que fariam com que o Homem a tornasse entidades separadas: massa humana e energia humana.

Peça-se a qualquer físico que identifique o conceito mais importante da física, e é provável que a resposta seja «energia». E com razão. Com o desenvolvimento da física, nenhum conceito goza do leque de aplicações da energia. Talvez seja por isso que os físicos preferem escrever a equação de Setembro de Einstein como $E = mc^2$, em que a energia, E, é o sujeito da equação. Einstein não escreveu a equação assim; em vez disso, fez da massa o sujeito: $m = E/c^2$. Terá a sua intuição aguçada levado Einstein a escrevê-la dessa forma?

Agora, no século XXI, os físicos têm à disposição um modelo altamente desenvolvido, o modelo padrão, que identifica os elementos essenciais da matéria. O modelo é refinado ao ponto de as perguntas outrora ignoradas agora exigirem respostas. Uma dessas perguntas é: onde é que as partículas básicas vão buscar as suas massas? Mais concretamente, por que é que a massa do protão é o que é, e não outra coisa qualquer? Os avanços para que se compreenda melhor a questão podem depender da resposta a essa pergunta. Podemos começar escrevendo a equação de Einstein como ele a escreveu, $m = E/c^2$, e perguntar: encontrar-se-á a massa do protão e de outras partículas básicas numa forma específica de energia? Terá a Natureza bolsas de energia que se tornam o protão e elementos essenciais elementares do mundo material[10]?

É decerto um exagero sugerir que em 1905 Einstein antecipou a necessidade de explicar a massa das partículas básicas. Estas eram desconhecidas em 1905. Mas conhecia-se o electrão, descoberto em 1897. O electrão tinha uma massa desconhecida, mas pensava-se que fosse pequena. Ter-se-á Einstein interrogado, quando terminava o seu artigo de Setembro, se talvez a pequena massa do electrão podia ser compreendida em termos de energia, levando-o a exprimir a sua equação em termos de massa e não de energia? Seria arriscado subestimar a intuição poderosa de Einstein, que lhe permitiu «farejar o que era capaz de conduzir aos fundamentos e desviar-me de tudo o resto».

Setembro

A equação de Setembro de Einstein, $E = mc^2$, é única. Ela desempenha o papel de estrela naquelas abstracções elegantes que estimulam os cérebros dos que se encontram na fronteira da ciência, e ao mesmo tempo mantém-se uma parte familiar da cultura moderna.

Die Grundlage der allgemeinen
Relativitätstheorie*

A. Einstein

Zur Quantentheorie der Strahlung**

A. Einstein

Quantentheorie des einatomigen
idealen Gases***

A. Einstein

Can Quantum-Mechanical Description
of Physical Reality Be Considered
Complete?****

Albert Einstein, Boris Podolsky,
e Nathan Rosen

O artigo de Einstein sobre a teoria geral da relatividade foi publicado em 1916 em *Annalen der Physik*, volume 49. «Sobre a Teoria Quântica da Radiação» foi publicado em 1917 na *Physikalische Zeitschrift*, volume 18. O seu artigo respeitante à estatística e condensado de Bose-Einstein, «Teoria Quântica de Gases Monoatómicos Ideais», foi publicado em 1924 e 1925 em *Sitzungberichte der Preussischen Akademie der Wissenschaften zu Berlin*. E o artigo de Einstein, Podolsky e Rosen, «Pode a Descrição Quântica da Realidade Física Ser Considerada Completa?» apareceu em 1935 na revista norte-americana *Physical Review*, volume 47.

---

* A Fundação da Teoria Geral da Relatividade [The Foundation of the General Theory of Relativity]
** Sobre a Teoria Quântica da Radiação [On the Quantum Mechanics of Radiation]
*** Teoria Quântica de Gases Monoatómicos Ideais [Quantum theory of monatomic ideal gases]
**** Pode a Descrição Quântica da Realidade Física Ser Considerada Completa?

Albert Einstein em 1954. Aparenta estar completamente em paz. Morreu a 18 de Abril de 1955, aproximadamente um ano após esta fotografia ter sido tirada.

Epílogo

Após 1905

Este livro comemora o maior ano de Einstein, 1905. As suas realizações naquele ano foram rapidamente reconhecidas como invulgares, bem como desafiadoras, e estabeleceram Einstein como um físico a seguir com atenção. Contudo, as publicações de 1905 não lhe trouxeram fama imediata nem o cumularam de ofertas de emprego. Apesar de publicar mensalmente na principal revista alemã de investigação em física, *Annalen der Physik*, não havia universidades a competir pelos serviços de Einstein em 1905. Portanto, teve de continuar como funcionário no serviço de patentes de Berna até Outubro de 1909, quatro anos depois do seu último artigo de 1905 ter sido publicado, quando conseguiu um lugar na Universidade de Zurique. No mesmo mês, Einstein assistiu à sua primeira conferência de física em Salzburgo.

Depois da sua nomeação na Universidade de Zurique, as oportunidades profissionais rapidamente se apresentaram a Einstein. Em 1911, o imperador Francisco José nomeou-o professor catedrático da Universidade Karl-Ferdinand de Praga. Aceitou o lugar e a 3 de Abril de 1911 ele a família chegaram a Praga. Decorrido menos de um ano foi nomeado professor de Física Teórica no Instituto Federal de Tecnologia (ETH) em Zurique, e em Julho de 1912 Einstein e a família regressaram a Zurique. Por esta altura Einstein era muito solicitado. Em Julho de 1913, Max Planck e Walther Nernst, dois cientistas de topo alemães, viajaram até Zurique para o visitar. O seu objectivo era discutirem a possibilidade de ele aceitar uma cátedra na Universidade de Berlim. Após a sua visita a Zurique, Planck, Nernst e outros propuseram Einstein como membro da Academia Prussiana de Ciências, uma grande honra. Em finais de 1913, Einstein aceitou a oferta em Berlim, que incluía uma cátedra sem o encargo de leccionar e a direcção do Instituto de Física Kaiser Wilhelm. Na Primavera de

1914, Einstein chegou a Berlim([1]). Em 1913, oito anos depois de um dos mais incríveis anos na história da ciência, Einstein era recebido com todas as honras nos escalões cimeiros da física alemã.

Por volta de 1920 era uma celebridade internacional – uma coisa rara para um professor de física. Einstein teve sorte. Em 1905, era um jovem de 26 anos, ainda um estranho para a organizada profissão de físico. O seu pensamento não fora influenciado por perspectivas consensuais sobre a maneira correcta de fazer física, sobre o que é possível ou impossível na física, ou o que é importante ou não importante na física. Em 1905, ele tinha não só um emprego de que gostava mas que também permitia à sua mente deambular livremente pelas ideias que lhe interessavam. Em 1905 estava apaixonado, mas não tinha as responsabilidades familiares que lhe teriam exigido também a sua atenção.

Contudo, talvez mais significante seja o facto de em 1905 a física estar a transbordar de potencialidades. Tinham sido feitas descobertas durante os últimos anos do século xix que perturbaram a serenidade de muitos físicos, abalando-os na noção descontraída de que a física estava a chegar à sua forma final. Estas descobertas abalaram os pilares da física praticamente em todas as áreas. Em 1895, foi descoberta uma forma desconhecida de radiação penetrante foi descoberta, à qual foi dado o nome de raio X. Em 1896 descobriu-se que um elemento químico era ele próprio a fonte de uma radiação desconhecida, derivada de um processo que se veio a chamar radioactividade. Em 1897 descobriu-se uma partícula de carga negativa cujas propriedades sugeriam que o átomo poderia ser constituído por partes mais pequenas. Esta partícula era o electrão. Finalmente, em finais de 1900, nasceu o *quantum*, que obrigou os físicos a pensar de novas maneiras. Os acontecimentos de 1895 a 1901 eram completas surpresas e, com excepção dos raios X, a teoria física comum não oferecia explicações. Eram precisas novas ideias. No ambiente intelectual de 1905, Einstein floresceu.

Quando era jovem, Einstein de facto teve sorte, mas a longo prazo não. Quando Einstein estava nos quarenta, ainda relativamente jovem, a mecânica quântica foi criada em resposta a um conjunto de questões sobre a matéria ao nível atómico. Os físicos usaram a mecânica quântica para responder a perguntas antigas e identificar perguntas novas. Com sucessos a conduzirem a mais sucessos, a mecânica quântica demonstrou o seu incrível potencial. Com o formalismo da mecânica quântica os físicos podiam calcular propriedades atómicas e testar os seus cálculos experimentalmente. A abstracção da mecânica quântica e a sua ruptura decisiva com a física anterior desafiou e entusiasmou os físicos.

A mecânica quântica depressa dominou o pensamento e trabalho dos físicos de primeira linha da década de 20. No entanto, a teoria da mecânica quântica, tal como foi conceptualizada após 1927, abordava a Natureza em termos de probabilidades que Einstein não podia aceitar. Einstein era um realista. Ele acreditava que a Natureza era real, assim como os átomos e as propriedades atómicas. A física «correcta» tinha o potencial para determinar as propriedades físicas exactas dos átomos. A mecânica quântica estava nos antípodas da visão realista de Einstein; da perspectiva da mecânica quântica, as suas ideias estavam em contradição com a Natureza. Embora os colegas de Einstein não tenham hesitado em utilizar as ferramentas fornecidas pela mecânica quântica, Einstein respondeu dedicando-se à sua teoria de sonho, a unificação da gravitação e do electromagnetismo, e essa procura efectivamente afastou-o da física de referência nos restantes anos da sua vida. Só podemos imaginar que outras contribuições Einstein poderia ter dado à física se tivesse sido capaz de aceitar os pilares físicos e filosóficos da mecânica quântica. Durante mais de metade da sua vida profissional, o ambiente intelectual que dominou a física era hostil às suas convicções básicas. No ambiente intelectual da física após 1927, Einstein ficou à parte.

1905: a base de Einstein

Einstein era prolífico. Os seus artigos científicos apareceram pela primeira vez em 1901 e continuaram até ao ano em que morreu. Einstein foi consumido pela física. No entanto, não era, de modo algum, um homem de uma só dimensão. Escreveu livros para o público em geral, participou um pouco nas questões do mundo, era de certa forma músico e gostava de música, e era um correspondente copioso. Apesar de tudo, a física era aquilo para que vivia e foi o que dominou as suas últimas horas.

Embora Einstein tenha tido uma longa carreira, nunca voltou a ter um ano comparável ao de 1905. Os seus artigos de 1905 eram não apenas importantes em si mesmos como formaram uma base que influenciou essencialmente todo o trabalho posterior de Einstein. A base que construiu em 1905 deu-lhe um apoio substancial e também procedimental.

Os artigos de 1905 eram substanciais tanto na sua abrangência como na sua profundidade. Os temas que Einstein abordava em 1905 não estavam confinados a um tópico limitado. Pelo contrário, quatro domínios conceptuais independentes forneceram o enquadramento para os artigos de 1905: o que é a luz? Qual a natureza da matéria? É válida a termodinâmica clássica? As leis físicas são válidas para todos os observadores? No seu conjunto, estes quatro domínios abarcavam a maior parte da física, e por isso os seus artigos influenciaram toda a disciplina. Além disso, em nenhum dos artigos Einstein resolveu um problema que, uma vez solucionado, pudesse ser posto na prateleira e esquecido. Ao contrário, propôs e desenvolveu ideias físicas cujo alcance ia muito para além das páginas destes artigos em particular. A riqueza intelectual das ideias que ele apresentava nos artigos de 1905 era tal que Einstein e outros voltaram repetidas vezes a estas mesmas ideias, separadas ou em conjunto. De facto as implicações dos seus artigos de 1905 ainda nos acompanham e continuam a estimular e a deixar perplexos os físicos.

O artigo de Março sobre a teoria quântica da luz permanece único. Rompeu de forma mais decisiva com a tradição do que qualquer um dos outros artigos. Além disso, as teorias de Einstein sobre a luz colidem com os princípios fundamentais do senso comum, tanto como a teoria da relatividade muda a nossa compreensão do espaço e do tempo ou de massa e energia. Em Março, Einstein fez efectivamente da luz uma onda e uma partícula. Em 1909 ele escreveu um artigo intitulado «Sobre a Evolução das Nossas Opiniões Relativamente à Natureza e Constituição da Radiação», no qual afirma:

> Uma vez aceite que a luz apresenta o fenómeno da interferência e da difracção, parecia muito duvidoso que a luz fosse concebida como um movimento ondulatório ... contudo ... é inegável que existe um extenso grupo de factos respeitantes à radiação que mostra que a luz possui determinadas propriedades fundamentais que podem ser compreendidas de forma muito mais imediata a partir do ponto de vista da teoria da emissão da luz de Newton [luz como partículas] do que da perspectiva da teoria ondulatória. Assim, a minha opinião é que o próximo estádio de desenvolvimento da física teórica vai trazer-nos uma teoria da luz que possa ser percebida como uma espécie de fusão das teorias de onda e de emissão [partícula] da luz.([2])

A natureza dual da luz tornou-se uma consequência central da mecânica quântica e o paradoxo da dualidade permanece connosco.

No mesmo artigo de 1909 citado acima, na sua consideração sobre a luz Einstein utiliza a sua equação $E = mc^2$. Mais uma vez, e um pouco mais claramente, Einstein mostra que quando um objecto perde massa perde energia através da emissão de luz. Escreve ele:

> Assim, a massa inerte de um corpo diminui pela emissão de luz. A energia emitida tem de ser contabilizada como parte da massa do corpo ... a teoria da relatividade mudou, pois, os nossos pontos de vista sobre a natureza da luz na medida em que não concebe a luz como uma sequência de estados de um hipotético meio [o éter], antes como algo tendo uma existência independente tal como a matéria.([3])

Einstein nunca deixou de pensar nas implicações do seu artigo de Março de 1905.

O artigo de Abril, a tese de Einstein sobre as dimensões moleculares, foi o precursor do artigo de Maio sobre o movimento browniano; o último é o mais importante. Para Einstein, o artigo de Maio pode ter sido tanto sobre as flutuações estatísticas como sobre o movimento browniano. A explicação de Einstein do movimento aleatório das partículas suspensas num líquido baseava-se em flutuações que ocorrem nos movimentos das moléculas líquidas. Depois de 1905, a teoria da flutuação era uma arma poderosa no arsenal de Einstein.

O artigo de Junho, que apresentava ao mundo a teoria especial da relatividade, era especialmente importante para Einstein. É sem dúvida um dos maiores artigos na história da física. O artigo de Setembro, notável como foi, deve ser considerado a finalização do seu trabalho de Junho. Ao longo dos anos, até 1916, a teoria especial raramente abandonou os pensamentos conscientes de Einstein.

Para além de constituírem uma base substancial, os artigos de 1905 também deram a Einstein uma base procedimental. Einstein começou os seus artigos de Março e Junho com imagens contraditórias e a nova física surgiu quando Einstein resolveu as contradições. Nas contradições de Março e Junho há ironia. Em Março, Einstein podia ser visto como rejeitando a teoria da onda electromagnética de luz de Maxwell a favor da teoria das partículas; depois, em Junho, três meses mais tarde, Einstein podia parecer estar a contradizer-se a si próprio ao salvar o electromagnetismo de Maxwell de contradições internas. Einstein usava as contradições porque elas abriam vias de pensamento reflexivo que o levavam a questões mais profundas do que a contradição aparente. Qualquer um consegue ver contradições, mas Einstein via nas contradições o que outros não viam. Todos os físicos viam a luz como ondas contínuas e a matéria como partículas descontínuas, mas nenhum físico excepto Einstein viu nisto uma contradição.

Einstein gostava de simplificar e unificar. Estes dois princípios dominaram a sua abordagem da física. No seu artigo de Março de 1905, juntou radiação e matéria, fazendo da radiação uma partícula na natureza, tal como a matéria. Ao mesmo tempo, Einstein reconhecia que os factos – interferência e difracção – encaixavam lindamente na teoria ondulatória da luz. Assim, levado pela sua necessidade de juntar perspectivas diferentes, Einstein apelou a uma «espécie de fusão» das teorias da luz de onda e de partícula.

O artigo de Junho emana simplicidade. Toda a teoria especial da relatividade resulta de dois princípios simples, os conceitos de espaço e de tempo, que são unificados e retirados do seu isolamento newtoniano. Um mundo com espaço absoluto existindo separado e independente de um tempo absoluto foi transformado num mundo em que tempo e espaço se juntam. Energia e massa, nunca antes consideradas por nenhum físico como tendo algo a ver uma com a outra, foram feitas uma só em resultado do artigo de Setembro de Einstein.

Após 1905

Quantos artigos magníficos produziu Einstein? A resposta depende, claro, de como se faz a conta e de quem faz a contagem. A maior parte das pessoas bem informadas colocaria pelo menos três dos artigos de 1905 na lista: os de Março, Maio e Junho. Após 1905 há um artigo que estaria no topo de todas as listas; depois há outra meia dúzia de artigos que seriam seleccionados pela maioria. Einstein estabeleceu um padrão elevado em 1905. Comparados com esse padrão, os grandes artigos de Einstein após 1905 foram poucos. Para a minha lista, seleccionei um tópico e quatro artigos, que tiveram um impacto significativo na física.

O princípio da equivalência

Não há um único artigo em que Einstein apresente o que veio a chamar-se o princípio da equivalência. Einstein refere-se-lhe explícita e implicitamente em vários artigos ao longo do período de 1907 a 1911, e usa-o de formas impressionantes. O princípio da equivalência unifica conceitos díspares. Como tal, este princípio é uma daquelas inspirações einsteinianas que tiveram uma tremenda influência no seu próprio pensamento e na física. Pode ser expresso de duas maneiras e ambas são verdadeiras, mas ambas provocam diferentes tipos de pensamento.

Afirmação 1: a gravitação uniforme não pode ser distinguida da aceleração uniforme.

Afirmação 2: a massa gravitacional e a massa inercial são uma e a mesma coisa.

Uma imagem põe em destaque a essência da afirmação 1. A ilustração na página seguinte mostra o observador omnipresente de Einstein numa cabina fechada. Num caso a cabina está assente na terra e, se a cabina for pequena, a gravidade é uniforme em toda a cabina; no outro caso a cabina está localizada num espaço sem gravidade, longe de outras massas e está em aceleração na direcção indicada. O princípio da equivalência diz que o observador fechado não tem nenhuma maneira de distinguir entre estes dois casos. O observador que está em cima de uma balança de casa-de-banho pesa 83 quilos em ambos os casos. Não há diferença. O observador deixa cair uma bola e a bola cai no chão exactamente da mesma maneira nos dois casos. O observador lança uma moeda ao ar e em ambos os casos esta traça um percurso parabólico. Tal como observadores a deslocarem-se uniformemente em relação um ao outro não podem fazer uma experiência para determinar quem está em movimento e quem está parado, também não há nenhuma

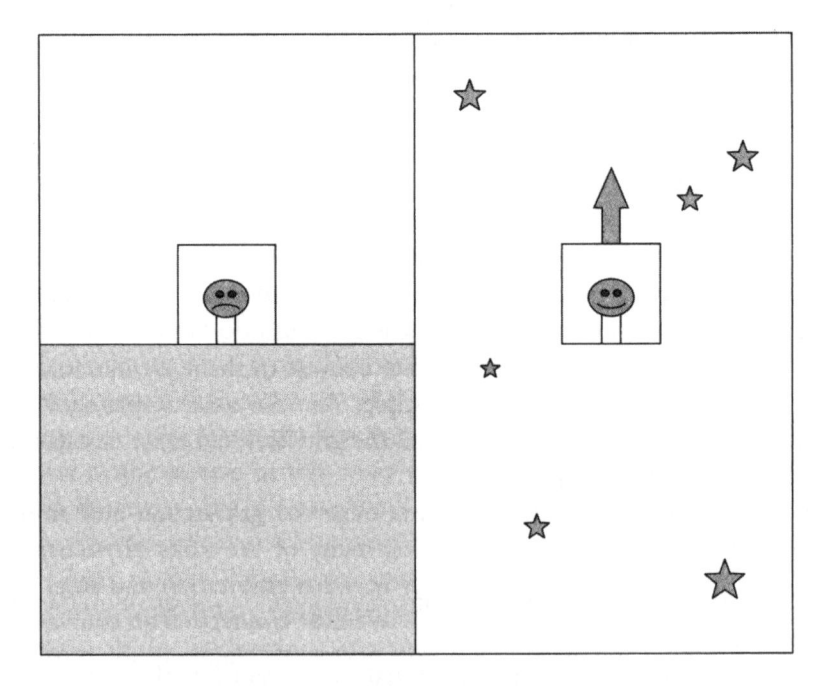

Um observador (esquerda) está numa cabina na Terra. Um segundo observador (direita) está numa cabina no espaço, acelerando na direcção indicada pela seta. O princípio da equivalência de Einstein diz que não há nenhuma forma de estes dois observadores poderem determinar qual deles está na Terra e qual está no espaço.

experiência que o observador possa fazer que distinga entre a cabina em aceleração e a cabina na Terra. Einstein diz que estas duas situações muito diferentes são equivalentes.

A afirmação 1 pode ser ilustrada por uma imagem diferente. Imaginemos uma pequena cabina a cair em direcção à Terra. A seguir, imaginemos uma pequena cabina longe da Terra, num espaço sem gravidade. Estas duas situações, queda livre e gravidade zero, são equivalentes. Não há forma de distinguir entre a queda livre e a gravidade zero. Para experimentar a gravidade zero teríamos de saltar de um edifício alto ou andar num elevador em queda livre. Durante os breves momentos de queda livre (antes de nos estatelarmos no chão) experimentaríamos a gravidade zero.

A segunda afirmação resulta da experiência: experimentamos a massa de duas maneiras claramente diferentes. A massa inercial de um objecto é a medida da resistência que este oferece ao ser movido, especificamente, ao ser acelerado. Uma bola de basebol é mais fácil de atirar do que uma bola de *bowling* porque a massa inercial da bola de basebol é menor do que a de *bowling*. A massa gravitacional de um objecto é a medida da atracção entre este e outra massa. A Terra e uma bola de *bowling* atraem-se mutuamente devido às suas massas gravitacionais. No seu princípio de equivalência, Einstein afirma que estas duas massas, a massa inercial e a massa gravitacional, são exactamente a mesma coisa.

Durante décadas os melhores físicos observaram a gravitação e a aceleração todos os dias. Durante décadas, muitos destes físicos reconheceram de facto uma semelhança entre a gravitação e a aceleração, mas foi Einstein que viu na ligação uma equivalência que representava algo profundo: a equivalência da gravitação e da aceleração viria, com a orientação de Einstein, a tornar-se o espaço-tempo destorcido.

De onde surgiu o princípio da equivalência? Em 1907, Einstein teve aquilo que chamou «a ideia mais feliz da minha vida», que citei num capítulo anterior:

> Estava sentado numa cadeira no serviço de patentes de Berna quando de repente me ocorreu uma ideia. «Se uma pessoa cair livremente não sentirá o seu próprio peso». Fiquei assombrado. Esse

simples pensamento impressionou-me profundamente. Ele impeliu-me para uma teoria da gravitação.([4])

Einstein exprimiu esta ideia, que formalmente se tornou o princípio da equivalência, em vários locais diferentes e diferentes momentos incluindo 1907 e 1911.

A Teoria Geral da Relatividade – 1916

A teoria especial da relatividade tinha dois anos quando, em 1907, Einstein foi convidado por Johannes Stark para rever a bibliografia científica e dizer aos leitores aquilo que tinha sido escrito sobre a relatividade especial desde Junho de 1905. Este artigo, intitulado «Sobre o Princípio da Relatividade e Conclusões Dele Retiradas», foi uma importante realização. Exigiu que Einstein voltasse atrás, olhasse para a teoria com um novo olhar e escrevesse acerca dela num estilo mais pedagógico. Este artigo de revisão confrontou Einstein com as limitações da teoria especial e representa um primeiro passo, se não mesmo o primeiro passo, em direcção à teoria geral. O último capítulo importante deste artigo de 1907 tem o título «Princípio da Relatividade e Gravitação». Claramente, neste artigo Einstein foi além da sua teoria de Junho de 1905.

Mesmo que Einstein aceitasse as limitações da teoria especial, precisou de vários anos de esforço concentrado para pensar nas implicações de uma ideia simples mas exigente – o princípio da equivalência – que ele acreditava conduzir a uma generalização do seu artigo de Junho de 1905. Em 1912, quatro anos antes de atingir o seu objectivo, Einstein disse ao seu colega físico em Munique, Arnold Sommerfeld, que comparada com a teoria geral, a teoria especial era «uma brincadeira de crianças»([5]). A criação da teoria geral foi um *tour de force* intelectual e muitos consideram o resultado o maior produto do puro pensamento de todos os tempos([6]).

Para avaliar o desafio de Einstein pensemos de novo em sistemas de coordenadas. O «espaço absoluto» de Newton foi preenchido com éter, o sistema de coordenadas de eleição, um sistema de coordenadas preferencial, o sistema de coordenadas da

Natureza. Mas Einstein pensou que um sistema de coordenadas é apenas uma questão de conveniência, meramente um meio de descrever a Natureza, e em si mesmo não constitui uma parte fundamental dela. Sistemas de coordenadas inerciais, sistemas que se movem uniformemente (a uma velocidade constante e em linha recta) em relação um ao outro, tinham um lugar de honra tanto na física de Newton como na teoria especial da relatividade. Um dos axiomas da teoria especial da relatividade é o de que, no que respeita às leis da física, todos os sistemas de coordenadas inerciais são equivalentes. Se um observador num sistema de coordenadas inercial se pusesse no lugar de um observador noutro sistema de coordenadas inercial, as suas descrições da Natureza encaixar-se-iam perfeitamente nas mesmas leis da física. Mas por que deveriam os sistemas de coordenadas *inerciais* merecer um lugar especial? Destacar sistemas de coordenadas de movimento uniforme dos sistemas de movimento não uniforme, ou seja, sistemas de coordenadas aceleradas, representava uma assimetria que Einstein não podia aceitar. A validade das leis da física não devia estar limitada a um tipo particular de sistemas de coordenadas. O objectivo de Einstein era o seguinte: acabar com a restrição da teoria especial aos sistemas de coordenadas inerciais e desenvolver uma teoria que acreditava (e acreditava sem reservas) ser verdadeira; nomeadamente, que todos os sistemas de coordenadas são equivalentes e que as leis básicas da física formuladas em qualquer sistema de coordenadas se aplicam sem alteração em todos os outros sistemas de coordenadas. Juntar todos os sistemas de coordenadas era uma simplificação e uma unificação apelativa para Einstein.

O ponto de partida para Einstein – a sua ideia simples e impressionante – era o princípio da equivalência. Como Einstein disse numa conversa em 1921 em Londres, «a teoria geral da relatividade deve a sua existência ... ao dado empírico da igualdade numérica das massas inerciais e gravitacionais dos corpos»[7]. Todos os físicos admitiam uma ligação entre as massas inerciais e gravitacionais, mas Einstein admitia muito mais: reconhecia que para generalizar a teoria especial, a equivalência das massas inerciais e gravitacionais exigia que a gravidade fosse uma parte central da nova teoria.

Como já afirmei, o princípio da equivalência equipara a gravidade uniforme e um sistema de coordenadas uniformemente acelerado. Com base apenas neste princípio de equivalência podem antecipar-se qualitativamente consequências da relatividade geral. Por exemplo, a teoria geral prevê de forma quantitativa que um raio de luz devia ser curvado pela influência gravitacional de um objecto imenso. Se existir uma equivalência entre gravidade e aceleração, então a luz deve curvar no sistema de coordenadas aceleradas da cabina. Isso é mostrado na ilustração da página seguinte. Na mesma ilustração há uma fonte de luz no chão da cabina em aceleração, iluminando na direcção do tecto. No mesmo instante em que a luz viaja do chão ao tecto, o tecto afastou-se da fonte de luz, com o resultado de as cristas que chegam ao tecto estarem mais afastadas do que estavam quando partiram do solo, e a luz parece mudar para o extremo vermelho do espectro visível[8]. Se isto for verdade num sistema de coordenadas aceleradas, tem de o ser também num ambiente gravitacional. E é. Em 1960, Robert V. Pound e Glen Rebka demonstraram que a luz que sai da terra tem um desvio para o vermelho. Estes estranhos efeitos e outros tornaram-se dados quantitativos com a conclusão da teoria geral.

Os conceitos de espaço, tempo, e gravitação são drasticamente modificados pela teoria geral. A gravidade afecta o tempo: os relógios andam mais devagar junto da forte gravidade perto do Sol do que os mesmos relógios na gravidade mais fraca longe do Sol. As fontes de gravidade, as massas, também afectam o espaço: o espaço é distorcido pelas massas. (E uma vez que massa e energia são equivalentes [o artigo de Setembro], a energia distorce o espaço). Uma grande massa distorce o espaço de tal maneira que uma outra massa é atraída para o espaço que rodeia a grande massa. Neste sentido, a teoria geral da relatividade substituiu a força de gravidade, tal como descrita pela física newtoniana, pelo espaço--tempo distorcido.

Durante muitos anos após 1916 a teoria geral foi reconhecida pela sua beleza intelectual prístina, mas tinha poucas aplicações experimentais. Isso deixou de ser verdade. O estudo de objectos astronómicos como os buracos negros e as estrelas de neutrões exige a relatividade geral. A teoria geral é também uma ferramenta

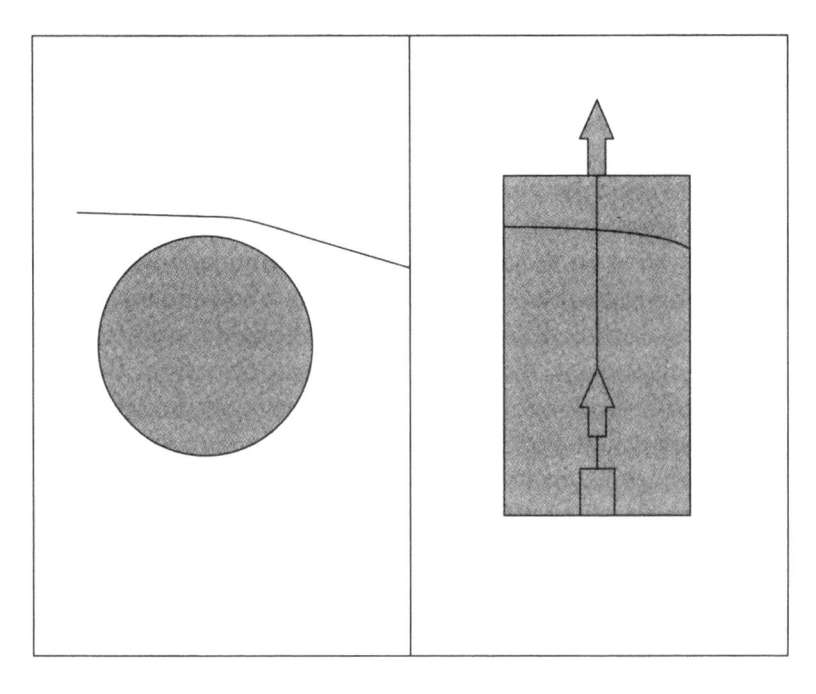

O caminho da luz que passa por uma estrela compacta (esquerda) é desviado ou curvado. Num elevador que acelera para subir (direita), a luz projecta-se a partir da parede esquerda do elevador. À medida que ela se desloca através do elevador este move-se para cima, resultando daí que a luz atinge a parede direita num ponto mais baixo daquele de onde partiu. No elevador que acelera a luz parece curvar tal como acontece quando passa pela estrela. No chão do elevador existe uma fonte de luz direccionada para cima. Dado que o tecto está a fugir da luz, a luz vista através do tecto tem um desvio para o vermelho.

necessária para compreender a origem do universo – *big bang*. Crê--se que as ondas gravitacionais, previstas pela teoria geral, emanam de vários objectos astronómicos. Por exemplo, uma estrela de neutrões a orbitar à volta de outra estrela seria uma fonte de ondas gravitacionais. A pesquisa está em vias de detectar estas ondas. A teoria especial da relatividade depressa se tornou uma ferramenta necessária nos laboratórios experimentais de física. Levou mais tempo até a mais exótica teoria geral entrar no laboratório, mas fê-lo e também se tornou numa ferramenta necessária em muitas áreas da investigação física.

A Teoria Quântica da Radiação – 1917

Einstein escreveu muitos artigos sobre temas quânticos. O primeiro, claro, foi o seu artigo de Março de 1905 em que ressuscitou o defunto modelo de partículas da luz, de Newton, apresentando-o em termos quânticos. O fotão foi um desafio constante para Einstein. Em Maio de 1911, Einstein escreveu ao seu amigo Michele Besso: «Já não pergunto se estes *quanta* existem realmente. Nem tento construí-los, porque sei que o meu cérebro não consegue ultrapassar a questão dessa maneira»([9]). O fotão assombrou os pensamentos de Einstein a maior parte da sua vida. Em 1916 e 1917, ele prosseguiu a sua meditação sobre a natureza quântica da radiação e daí resultaram três artigos. Estes três artigos eram uma continuação do «ponto de vista heurístico» de Einstein apresentado em Março de 1905. A teoria quântica da luz de Einstein, praticamente rejeitada por todos os físicos, era reforçada pelos artigos de 1916-1917, que atestavam a forte crença de Einstein de que a luz tinha natureza de partícula. O último desta série de três, que surgiu em 1917, é um dos seus artigos mais célebres([10]).

À maneira típica de Einstein, ele começa o artigo de 1917 realçando uma «semelhança formal» que é «demasiado evidente»([11]). Neste artigo, considerava átomos num banho de radiação emitindo e absorvendo partículas de luz. Por este meio conseguiu dar uma nova derivação da lei da radiação do corpo negro de Max Planck (sem as suposições arbitrárias que Planck teve de fazer), e no processo mostrou como condição necessária que quando os átomos passam de um estado de energia para outro, um fotão é emitido ou absorvido. Desta forma, Einstein relacionou a lei de Planck com o modelo de Bohr do átomo de hidrogénio. Einstein reconheceu claramente que tinha reforçado a sua posição da luz-partícula:

> Esta derivação [a lei da radiação de Planck] merece ser considerada não apenas devido à sua simplicidade, mas especialmente porque parece clarificar os processos de emissão e absorção da radiação na matéria, que ainda continua misteriosa para nós ... como resultado, esta nossa simples hipótese acerca da emissão e absorção da radiação adquire novos apoios.([12])

Epílogo

Em 1917, a origem do espectro de um átomo foi conceptualizada segundo os termos do modelo atómico de Bohr. O espectro de absorção de um átomo, representado por linhas espectrais negras, ocorria quando os átomos absorviam energia da radiação e passavam de um estado de energia mais baixo para um mais elevado. O espectro de emissão de um átomo, representado por linhas espectrais brilhantes, ocorria quando os átomos espontaneamente emitiam radiação e passavam de um estado de energia mais elevado para um mais baixo. Einstein acrescentou a esta imagem uma suposição provocadora. Partiu do princípio de que os átomos não só podiam *espontaneamente* emitir luz, mas podiam também ser induzidos ou *estimulados* pela luz a emitir luz; especificamente, a luz ou frequência v podia estimular um átomo a emitir luz de frequência v, e, no processo, passar de um estado de energia elevado para um estado de energia mais baixo.

Durante décadas a ideia de Einstein da emissão *estimulada* ficou adormecida. Em 1954 apareceu o MASER, o precursor do LASER*. O laser baseia-se no pressuposto de Einstein da emissão estimulada: uma partícula de luz entra num sistema de átomos, estimula a emissão, e emergem duas partículas de luz; assim, uma partícula de luz é duplicada para duas partículas de luz – a amplificação. Charles H. Townes, um dos inventores do laser, escreveu acerca do artigo de 1917 de Einstein: «Einstein foi o primeiro a admitir claramente, partindo da termodinâmica básica, que se os fotões podem ser absorvidos pelos átomos e fazê-los passar a estados de energia mais elevados, então é necessário que a luz possa também forçar um átomo a perder energia caindo para um nível mais baixo. Um fotão atinge o átomo, e daí saem dois ... o resultado é designado emissão estimulada e resulta em amplificação coerente»([13]).

No final do seu artigo de 1917, Einstein diz que a sua análise «torna a teoria quântica da radiação quase inevitável ... A fraqueza da teoria consiste ... em não nos aproximar mais de uma união com a teoria ondulatória»([14]). Contudo, apesar dos argumentos poderosos

---

* Acrónimo para Light Amplification by the Stimulated Emission of Radiation [Amplificação da Luz pela Emissão Estimulada da Radiação] (*N. R.*).

de Einstein, que efectivamente fortaleceram o modelo atómico de Bohr, este e outros físicos durante mais cinco anos não aceitaram a teoria de partícula da luz de Einstein.

A estatística e condensado Bose-Einstein – 1924, 1925

A 4 de Junho de 1924, um físico indiano desconhecido da Universidade de Dacca, Satyendranath Bose, enviou a Einstein um curto manuscrito com o título «A Lei de Planck e a Hipótese da Luz Quântica». Bose tinha enviado anteriormente este manuscrito para a prestigiada revista *Philosophical Magazine* e ele foi rejeitado. Pediu ajuda a Einstein. Einstein ficou tão favoravelmente impressionado com o manuscrito que o traduziu para alemão e enviou para a revista *Zeitschrift für Physik* com uma nota anexa dizendo que pensava que o artigo de Bose representava um avanço importante.

No seu manuscrito, Bose tinha derivado com sucesso a lei da radiação do corpo negro de Planck de uma abordagem estatística baseada no pressuposto de que os fotões eram indistinguíveis uns dos outros. Einstein percebeu imediatamente que a mesma abordagem podia ser aplicada a átomos indistinguíveis. O artigo de Bose e dois artigos de Einstein foram a origem da estatística de Bose--Einstein[15].

As partículas elementares que formam os alicerces da matéria pertencem a uma de duas classes: bosões e fermiões. O fotão, o gluão, e o pião são exemplos de bosões; o electrão, o protão, e os quarks são exemplos de fermiões. A estatística de Bose-Einstein aplica-se a bosões, enquanto que a estatística Fermi-Dirac, desenvolvida por Enrico Fermi e Paul Dirac, se aplica a fermiões. Bosões e fermiões diferem porquanto um número ilimitado de bosões pode juntar-se e ocupar o mesmo estado quântico.

No seu artigo de 1925, Einstein previu que os bosões podiam exibir um comportamento invulgar. Devido a poderem juntar-se muitos bosões no mesmo estado quântico, é possível, nas condições adequadas de temperatura, densidade, e por aí fora, os bosões coalescerem e condensarem-se num novo estado da matéria. Ao descrever um gás bosão, Einstein usou palavras semelhantes:

«Afirmo que ... [uma] separação é efectuada; uma parte condensa-se e o resto permanece "gás saturado"»([16]). Este estado da matéria, chamado o condensado de Bose-Einstein, foi observado pela primeira vez em 5 de Junho de 1995 por Eric Cornell e Carl Weiman no National Institute of Standards and Technology, em Boulder, no Colorado. O estudo dos condensados BE é actualmente umas das áreas mais activas da investigação em física. Setenta anos depois de Einstein ter previsto uma nova forma de matéria, ela foi descoberta.

O artigo de Einstein, Podolsky, e Rosen – 1935

O último dos artigos de Einstein que vou abordar prepara o terreno para uma futura área de investigação extremamente activa e desafiadora([17]). A experiência puramente imaginária descrita por Einstein, Boris Podolsky e Nathan Rosen tem sido actualizada, e nos dias de hoje experiências reais inspiradas neste artigo estão a expor propriedades fascinantes e inacreditáveis do mundo real.

Em 1933, Einstein assistiu a uma palestra em Bruxelas proferida por Léon Rosenfeld. A palestra era sobre mecânica quântica e Einstein prestou muita atenção. No final da palestra, Einstein, na assistência, dirigiu a discussão que se seguiu para o significado da mecânica quântica. Perguntou a Rosenfeld:

> O que diria da seguinte situação? Suponha que duas partículas são postas em movimento na direcção uma da outra com o mesmo momento, muito grande, e que interagem mutuamente por um período de tempo muito curto quando passam por posições conhecidas. Considere agora um observador que segura uma das partículas, longe da região de interacção, e mede o seu momento; então, a partir das condições da experiência ele será capaz de deduzir o momento da outra partícula. Se, contudo, ele optar por medir a posição da primeira partícula, será capaz de dizer onde está a outra partícula. Isto é uma dedução perfeitamente correcta e linear dos princípios da mecânica quântica; mas não é paradoxal? Como pode o estado final da segunda partícula ser influenciado por uma medição efectuada na primeira, depois de todas as interacções físicas terem cessado entre elas?([18])

Dois anos mais tarde, em 1935, a questão que Einstein colocou a Rosenfeld constituiu a base do artigo de Einstein-Podolsky--Rosen, conhecido pelos físicos como o artigo EPR.

A questão suscitada pela pergunta de Einstein e o artigo EPR pode ser apresentada de forma sucinta e contundente. Quando um átomo passa de um estado de energia mais elevado para um estado mais baixo pode emitir dois fotões, que se afastam do átomo em direcções opostas. Se a determinada altura no futuro se medir um dos fotões, e, assim, mudando-o, o segundo fotão do outro lado do universo mudará instantaneamente. Que uma coisa que acontece num local possa instantaneamente afectar o que acontece noutro local era algo que Einstein chamava «fantasmagórico». Violava a sua noção de causalidade. Também levantava questões básicas sobre a adequação da descrição da Natureza dada pela mecânica quântica.

O artigo EPR atingiu os devotos da mecânica quântica «como um raio vindo do nada»([19]). Bohr, sempre receptivo a qualquer desafio de Einstein à teoria quântica, passou seis semanas a elaborar uma resposta para o artigo de Einstein. Na resposta de Bohr, este conclui que o artigo EPR não exigia quaisquer mudanças à mecânica quântica, e pouco tempo depois a maioria dos físicos esqueceu o artigo EPR. Durante mais de três décadas permaneceu nos arquivos empoeirados da física: um artigo curioso de um grande físico que, ao contrário dos outros físicos, não aceitava os princípios da mecânica quântica.

Então, John S. Bell escreveu um artigo em 1966 que tirou o artigo EPR dos arquivos e o colocou na corrente dominante. Tal como a descoberta do condensado de Bose-Einstein por Cornell e Wieman deu início a uma industriosa investigação, também o artigo de John Bell estimulou as actividades de investigação, tanto da parte dos físicos teóricos como dos experimentadores por todo o mundo.

Os dois fotões emitidos pelo átomo descrito dizem-se emaranhados. O «Emaranhamento», um termo cunhado por Erwin Schrödinger em 1935, constitui uma das mais importantes descobertas do último século e tem as suas raízes no artigo EPR. Tal como o termo «emaranhamento» implica, duas partes de um sistema separadas por uma vasta distância podem parecer ser independentes, mas não são. Em 1972, John Clauser e Stuart Freedman mostraram que o emaranhamento é um fenómeno real. As experiências de Alain Aspect em 1983, em França, deram início de forma determinada ao estudo experimental dos estados emaranhados.

O artigo de Einstein, Podolski e Rosen, de 1935 e o artigo de John Bell de 1966 confrontaram os físicos com alternativas desconfortáveis. Einstein era um realista e acreditava no que hoje se chama localidade – o que acontece em determinada localidade não pode influenciar de forma imediata o que acontece noutra localidade: «Mas só num pressuposto é que devíamos, na minha opinião, permanecer absolutamente firmes: a situação factual real do sistema S2 é independente do que é feito com o sistema S1, que está espacialmente separado do primeiro»([20]). O que emergiu da ciência subsequente, contudo, é que a localidade e a mecânica quântica não podem estar ambas correctas. Se aceitarmos a mecânica quântica, temos de desistir da localidade, ou vice-versa. Se tivesse vivido mais vinte anos, Einstein teria ficado profundamente perturbado pelas alternativas que a física lhe apresentaria.

O legado de Einstein

Seria o mundo diferente agora se Einstein nunca tivesse vivido? Poderíamos fazer a mesma pergunta em relação a Claude Monet ou a Wolfgang Amadeus Mozart? Qual é o impacto relativo de uma figura lendária da ciência comparada a uma figura lendária da arte ou da música?

Embora a arte e a ciência sejam ambas actividades humanas, pensamos nelas de maneiras diferentes. O *Palazzo da Mula* de Monet e a *Flauta Mágica* de Mozart são considerados actos maravilhosos de criatividade. Se Monet não tivesse vivido, o mundo seria diferente porque o *Palazzo da Mula* nunca teria sido pintado; se Mozart não tivesse vivido, o mundo seria diferente porque a ópera *A Flauta Mágica* nunca teria sido composta. Por contraste, se Einstein não tivesse vivido, o mundo não seria diferente. A sua teoria especial da relatividade, uma resposta à atmosfera intelectual de 1905, inevitavelmente teria sido criada por alguém. Enquadrada desta maneira, a arte torna-se uma actividade altamente criativa com a impressão digital de um artista a personalizar cada pintura e composição, e a ciência torna-se uma actividade intelectual conduzida pelos acontecimentos – partilhada pela mais vasta comunidade científica mas exterior ao cientista.

Enquadrada desta forma, contudo, tanto a natureza da arte como da ciência são obscurecidas. A arte é também motivada por acontecimentos externos ao artista. Os pintores impressionistas, que viveram e trabalharam durante um período culturalmente revolucionário, o final do século XIX e o início do século XX, influenciaram-se uns aos outros. Embora cada pincelada exprimisse a individualidade de pintores como Monet, August Renoir e Edgar Degas, colectivamente as pinceladas deixaram um quadro que articulava uma nova teoria da arte. Quando Monet pintou o *Palazzo da Mula*, foi movido por influências externas que tiveram um peso determinante no resultado, mas, no fim, tratava-se de uma pintura única, uma obra-prima de Monet, um monumento à criatividade humana. Em 1883, Renoir disse: «Eu tinha secado o Impressionismo de tanto torcê-lo»([21]). Pouco depois as ideias que conduziram o impressionismo e que inspiraram uma grande escola de arte foram ultrapassadas.

Mozart viveu e trabalhou durante o final do século XVIII. Os seus contemporâneos incluíam Franz Joseph Haydn e Ludwig van Beethoven. Os compositores desta época foram extremamente influenciados pela natureza da acústica das salas de concerto disponíveis para espectáculos, bem como pelo alcance musical e a eficiência mecânica dos instrumentos disponíveis para os executantes. Embora cada nota da *Flauta Mágica* de Mozart fosse sua e apenas sua, a partitura desta famosa ópera tem a assinatura do período clássico. Tal como Monet, Mozart era conduzido por acontecimentos externos, mas, no fim, a partitura final da ópera *A Flauta Mágica* era como nenhuma outra, um produto de elevada criatividade. Do início a meados do século XIX, os músicos abandonaram os constrangimentos impostos pelo período clássico e compuseram música mais pessoal e emocional.

Tal como nas artes visuais e na música, a ciência tem sempre um contexto e uma comunidade. Einstein foi influenciado pelos seus contemporâneos tal como pelo estado da física em 1905 e depois. É de facto provável que se Einstein não tivesse criado a teoria especial da relatividade, alguém teria criado algo equivalente à teoria de Einstein. Contudo, tal como os quadros de Claude Monet e Edouard Manet pertencem ao mesmo género e são ainda assim únicos, podemos imaginar a teoria de Einstein e uma teoria similar de, digamos, Poincaré, motivado pelas mesmas preocupações. As teorias teriam tido semelhanças mas cada uma teria sido única. A teoria de Einstein distinguir-se-ia da teoria de Poincaré pelo ponto de partida adoptado, o caminho conceptual seguido, os pressupostos, e a forma do seu resultado final. Cada teoria teria sido um produto único da criatividade humana.

Alguns artistas têm um estilo tão característico que a sua arte, seja ela pintura ou música, ganha um lugar à parte. O mesmo se pode dizer de uns quantos cientistas. Talvez nenhum cientista tenha tido um estilo mais diferente do que Albert Einstein. A teoria geral da relatividade, tal como Einstein a criou, é uma obra-prima, é física na sua forma mais rara. Com o tempo, outro físico teria sido motivado, por razões experimentais ou teóricas, a prolongar a teoria especial da relatividade a sistemas de coordenadas não inerciais e, assim, a generalizá-la a todos os sistemas de coordenadas; com o tempo, outro físico podia ter reconhecido algo de mais profundo na ligação entre a massa inercial e a gravitacional; com o tempo, as forças gravitacionais podiam ter sido vistas em termos de propriedades espaciais. Ninguém senão Einstein teria juntado todos estes elementos da mesma forma simples, harmoniosa e elegante. Tal como uma composição saída do cérebro de Mozart revela a sua singularidade artística, assim a teoria geral da relatividade revela a singularidade científica de Einstein. A teoria geral, considerada por muitos o mais grandioso monumento ao pensamento abstracto, desperta a mesma espécie de maravilhamento e de emoção que uma obra-prima artística. «As equações da relatividade geral», escreveu Stephen Hawking, «são o seu melhor epitáfio e memorial. Deveriam durar tanto como o universo»[22].

Este livro começou por reconhecer Isaac Newton e Albert Einstein como os dois maiores físicos de todos os tempos. Esses dois homens atraem a atenção. Jacob Bronowski, no seu livro *Ascent of Man*, escreve:

> É quase impertinente falar da ascensão do homem na presença de dois homens, Newton e Einstein, que caminham como deuses. Dos dois, Newton é o deus do Velho Testamento; é Einstein a figura do Novo Testamento. Ele estava cheio de humanidade, compaixão, um sentido de enorme simpatia. A sua própria concepção da natureza era a de um humano na presença de algo divino, e foi isso que ele sempre disse da natureza. Ele gostava de falar sobre Deus: «Deus não joga aos dados», «Deus não é malicioso». Por fim Niels Bohr disse-lhe um dia, «Pare de dizer a Deus o que fazer». Mas isso não é justo. Einstein era um homem que podia fazer perguntas imensamente simples. E o que a sua vida demonstrou, e as suas obras, é que quando as respostas também são simples, então ouvimos Deus a Pensar.([23])

Em 1905, Einstein teve uma linha directa para os pensamentos de Deus.

No fim da vida, Einstein olhou para trás, para 1905, e disse a um amigo, Leo Szilard: «Foram os anos mais felizes da minha vida. Ninguém esperava que eu pusesse ovos de ouro»([24]). A expectativa de «ovos de ouro» foi uma consequência do seu prodigioso ano de 1905. A qualidade e a quantidade do trabalho pioneiro que produziu de Março até Setembro são ímpares. O ano de 1905 definiu um padrão para o próprio Einstein. Só em 1916, após anos de esforço intenso, é que superou a fasquia que estabelecerá para si mesmo em 1905.

O ano de 1905 definiu um outro padrão, um padrão com uma influência alargada. De todas as actividades humanas, o pensamento é a que mais claramente nos separa das outras formas de vida. Pensar é o que nos torna humanos. O ano 1905 de Einstein é uma ilustração da espécie pensadora no seu melhor, o padrão de grandeza da pessoa que pensa.

Notas

Leitura Adicional

Agradecimentos

Índice Remissivo

Notas

Prólogo
O Padrão da Grandeza

(¹) Carta de Einstein a Conrad Habicht, 18 ou 25 de Maio de 1905, *The Collected Papers of Albert Einstein*, volume 5, *The Swiss Years: Correspondence, 1902-1914*, trad. Anna Beck (Princeton University Press, 1995), p. 20.

(²) Comunicação de Einstein em Quioto, Dezembro de 1922. Citado por J. Ishiwara, *Einstein Koën-Roku* (Tóquio-Tosho, 1977). Citado também em Abraham Pais, *"Subtle is the Lord": The science and the Life of Albert Einstein* (Oxford University Press, 1982), p.179.

(³) Carta de Einstein a Arnold Sommerfeld, 29 de Outubro de 1912, *Collected Papers*, vol. 5, p. 324.

(⁴) Citado em Silvio Bergia, "Einstein and the Birth of Special Relativity", in *Einstein: A Centenary Volume*, org. A.P. French (Harvard University Press, 1979), p. 67.

(⁵) Edwin F. Taylor e John Archibald Wheeler, *Spacetime Physics: Introduction to Special Relativity*, 2ª ed. (W. H. Freeman & Co., 1992), p. iii.

(⁶) Arthur I. Miller, *Einstein, Picasso: Space, Time and the Beauty that Causes Havoc* (Basic Books, 2001), p. 4.

(⁷) Albert Einstein, "Autobiographical Notes", in *Albert Einstein: Philosopher-Scientist*, org. Paul Arthur Schilpp (Harper & Brothers, 1959), pp.15,17.

(⁸) Citado em Albrecht Fölsing, *Albert Einstein*, trad. Ewald Osers (Viking, 1997), p. 439.

(⁹) Albert Einstein a Johannes Stark, 25 de Setembro de 1907, *Collected Papers*, vol. 5, p. 42.

(¹⁰) Albert Einstein a Michele Besso, 17 de Novembro de 1909, 1912, *Collected Papers*, vol. 5, p. 140.

(¹¹) Fölsing, *Albert Einstein*, p. 548.

(¹²) Philipp Frank, *Einstein: His Life and Times* (Alfred A. Knopf, 1970), p. 110.

(¹³) *Ibid.*, p. 50.

(¹⁴) Pais, *"Subtle is the Lord"*, p. 242.
(¹⁵) *Ibid.*
(¹⁶) Hubert Goenner, "Albert Einstein and Friedrich Dessauer: Political Views and Political practice", *Physics in Perspective* 5: 21-66.
(¹⁷) Jacob Bronowski, *The Ascent of Man* (Little, Brown, 1973), p. 256.

Março
O Artigo Revolucionário do Quantum

(¹) Albert Einstein in *The Collected Papers of Albert Einstein, volume 2, The Swiss Years: 1900-1909*, trad. Anna Beck (Princeton University Press, 1989), p. 87.

(²) Albrecht Fölsing, *Albert Einstein: A Biography*, trad. Ewald Osers (Viking, 1997), p. 143.

(³) Carta de Einstein a Conrad Habicht, 18 ou 25 de Maio de 1905, *Collected Papers*, vol. 5, p. 20.

(⁴) Carta de Max Laue para Einstein, 2 de Junho de 1906, *Collected Papers*, vol. 5, pp. 25-26.

(⁵) Charles Coulson Gillispie, *The Edge of Objectivity: An Essay in the History of Scientific Ideas* (Princeton University Press, 1960), p. 456.

(⁶) James Clerk Maxwell, citado por Gillispie, *The Edge of Objectivity*, p. 476.

(⁷) Albert Einstein, "Autobiographical Notes", in *Albert Einstein: Philosopher-Scientist*, org. Paul Arthur Schilpp (Harper & Brothers, 1959), p. 45.

(⁸) Einstein, *Collected Papers*, vol. 2, p. 86.

(⁹) No seu extenso trabalho sobre a influência dos «temas» no desenvolvimento da ciência, Gerald Holton examinou a forte influência que a continuidade teve no pensamento de Einstein. Ver Holton, *Thematic Origins of Scientific Thought: Kepler to Einstein* (Harvard University Press, 1973), p. 357.

(¹⁰) Einstein, "Autobiographical Notes," p. 37.

(¹¹) Einstein, *Collected Papers*, vol. 2, p. 94.

(¹²) Representei anteriormente a energia com o símbolo ε, mas aqui utilizei o símbolo E. Qual é a diferença? A energia de um *quantum individual* é representada por ε; a energia de um *sistema* com muitos, muitos *quanta* é representada por E.

(¹³) Einstein, *Collected Papers*, vol. 2, p. 97.

(¹⁴) *Ibid.*, pp. 99-100.

(¹⁵) Fölsing, *Albert Einstein*, p. 147.

(¹⁶) *Ibid.*

(¹⁷) Robert A. Millikan, "A Direct Photoelectric Determination of Planck's *h*", *Physical Review* 7: 355-388, p. 355 (1916).

(¹⁸) *Ibid.*

(¹⁹) Robert A. Millikan, *The Electron: Its Isolation and Measurements and the Determination of Some of Its Properties* (University of Chicago Press, 1917), p. 224.

(²⁰) *Ibid.*, p. 230.

(²¹) Uma carta de 6 de Setembro de 1916 de Albert Einstein para Michele Besso, citada em Abraham Pais, "Einstein On Particles, Fields, and the Quantum Theory", in *Some Strangeness in the Proportion: A Centennial Symposium to Celebrate the Achievements of Albert Einstein*, ed. Harry Woolf (Addison-Wesley, 1980), p. 209.

(²²) Citado em Abraham Pais, *Niels Bohr's Times, In Physics, Philosophy and Polity* (Oxford University Press, 1991), p. 233.

(²³) *Ibid.*, p. 231.

(²⁴) Roger H. Stuewer, *The Compton Effect: Turning Point in Physics* (Nova Iorque: Science History Publications, 1975).

(²⁵) Citado em Martin, Kline, "Einstein and the Development of Quantum Physics," pp. 133-151 in *Einstein: A Centenary Volume*, ed. A. P. French (Harvard University Press, 1979), p. 133.

Abril
Dimensões Moleculares

(¹) Carta de Albert Einstein para Michele Besso, 22 de Janeiro de 1903, in *The Collected Papers of Albert Einstein, Volume 5, The Swiss Years: Correspondence, 1902-1914*, trad. Anna Beck (Princeton University Press, 1995), p. 7. Quando Einstein escreveu esta carta estava empregado no serviço de patentes de Berna. Naquele ambiente pode ter concluído que um doutoramento seria de pouca utilidade.

(²) Citado em Albrecht Fölsing, *Albert Einstein: A Biography*, trad. Ewald Osers (Viking, 1997), p. 75.

(³) Maja Einstein citada em Fölsing, *Albert Einstein*, p. 123.

(⁴) Fölsing, *Albert Einstein*, p. 124.

(⁵) Albert Einstein, "Autobiographical Notes", in *Albert Einstein: Philosopher-Scientist*, ed. Paul Arthur Schilpp (Harper & Brothers, 1959), p. 49.

(⁶) Carta de Einstein a Michele Besso, 17 de Março de 1903, in *Collected Papers*, vol. 5, p. 11.

(⁷) Einstein, *Collected Papers*, vol.2, p. 105.

(⁸) *Ibid.*

(⁹) Abraham Pais, *"Subtle is the Lord": The Science and the Life of Albert Einstein* (Oxford University Press, 1982), p. 90.

(¹⁰) Tony Cawkell e Eugene Garfield, "Assessing Einstein's Impact on Today's Science by Citation Analysis," pp. 31-40 in *Einstein: The First Hundred Years*, ed. Maurice Goldsmith, Alan Mackay, e James Woudhuysen (Pergamon Press, 1980), p. 32.

Maio
«Vendo» Átomos

(¹) Albert Einstein, *The Collected Papers of Albert Einstein, volume 2, The Swiss Years: 1900-1909*, trad. Anna Beck (Princeton University Press, 1989), p. 123.

(²) Einstein, *Collected Papers*, vol. 2, p. 123.

(³) Mary Jo Nye, *Molecular Reality: A Perspective on the Work of Jean Perrin* (Elsevier, 1972), P. 11.

(⁴) C.P. Snow, "Einstein", pp. 3-18 in *Einstein: The First Hundred Years*, org. Maurice Goldsmith, Alan Mackay, e James Woudhuysen (Pergamon Press, 1980), p. 9.

(⁵) Einstein, *Collected Papers*, vol. 2, p.127.

(⁶) *Ibid.*, p. 134.

(⁷) *Ibid.*, p. 318.

(⁸) Jean Perrin, "Brownian Movement and Molecular Reality", trad. F. Soddy, in Mary Jo Nye, *The Question of the Atom: From the Karlsruhe Congress to the First Solvay Conference, 1860-1911* (Tomash Publishers, 1984) 2ª impressão. 1986, p. 567.

(⁹) *Ibid.*

(^{10}) *Ibid.*, p. 568.

(^{11}) Jean Perrin, *Oeuvres Scientifiques de Jean Perrin* (Paris: Centre National de la Recherche Scientifique, 1950), p. 218. Ver também C.P. Snow, "Einstein" pp. 3-18 in *Einstein: The First Hundred years*, ed. Maurice Goldsmith, Alan Mackay, e James Woudhuysen (Pergamon Press, 1980), p. 9.

(^{12}) Perrin, *Oeuvres Scientifiques*, p. 567.

(^{13}) Albrecht Fölsing, *Albert Einstein: A Biography*, trad. Ewald Osers (Viking, 1997), p. 132.

(^{14}) Bernard Pullam, *The Atom in the History of Human Thought* (Oxford, 1998), p.256.

(^{15}) Citado em Stephen G. Brush, *The Kind of Motion We Call Heat: A History of the Kinetic Theory of Gases in the 19th Century*, vol.2 (North-Holland Pub., 1976), p. 699.

(^{16}) Martin J. Klein, "Fluctuations and Statistical Physics in Einstein's Early Work", in *Albert Einstein: Historical and Cultural Perspectives*, ed. Gerald Holton e Yehuda Elkana (Princeton University Press, 1982) p. 53.

(^{17}) Abraham Pais, *"Subtle is the Lord": The Science and the Life of Albert Einstein* (Oxford University Press, 1982), p. 100.

(^{18}) Max Born, "Einstein's Statistical Theories," in *Albert Einstein: Philosopher-Scientist*, org. Paul Arthur Schilpp (Harper & Brothers, 1959), p. 166.

(^{19}) Einstein, *Collected Papers*, vol.5, p. 130.

Junho
A Fusão do Espaço e do Tempo

(^{1}) Albert Einstein, "Autobiographical Notes," in *Albert Einstein: Philosopher-Scientist*, vol. I, ed. Paul Arthur Schilpp (Harper & Brothers, 1959), p. 21.

(^{2}) *Ibid.*, p. 23.

(^{3}) Werner Heisenberg, *Encounters with Einstein* (Princeton University Press, 1983), p. 29.

(^{4}) P.A.M. Dirac, "The Excellence of Einstein's Theory of Gravitation", in pp. 41-46 of *Einstein: The First Hundred Years*, ed. Maurice Goldsmith, Alan Mckay, e James Woudhuysen (Pergamon Press, 1980), p. 44.

(⁵) Gerald Holton, "Einstein, Michelson, and the 'Crucial' Experiment", *Isis 60: 133-197* (1969). Citação na p. 137.

(⁶) Abraham Pais, *"Subtle is the Lord": The Science and the Life of Albert Einstein* (Oxford University Press, 1982), pp. 126-127.

(⁷) *Ibid.*, p. 127.

(⁸) *Ibid.*, p. 139.

(⁹) John Stachel, *Einstein's Miraculous Year: Five Papers that Changed the Face of Physics* (Princeton University Press, 1998), p. 112.

(¹⁰) Arthur I. Miller, *Einstein, Picasso: Space, Time, and the Beauty that Causes Havoc* (Basic Books, 2001), p. 193.

(¹¹) Albert Einstein, *The Collected Papers of Albert Einstein, volume 2, The Swiss Years: Writings, 1900-1909*, trad. Anna Beck (Princeton University Press, 1989), p. 140.

(¹²) *Ibid.*, p. 141.

(¹³) *Ibid.*, p. 143.

(¹⁴) *Ibid.*, p. 145.

(¹⁵) *Ibid.*, p. 149.

(¹⁶) *Ibid.*, vol.2, p. 20.

(¹⁷) *Ibid.*, vol. 2, p. 159.

(¹⁸) Pais, *"Subtle is the Lord"*, pp. 149-150.

(¹⁹) Einstein, *Collected Papers*, vol. 2, p. 171.

(²⁰) Citado em Gerald Holton, *Thematic Origins of Scientific Thought: Kepler to Einstein* (Harvard University Press, 1973), p. 235.

(²¹) Einstein, *Collected Papers*, vol. 2, p. 283.

(²²) Segundo citação de Holton in *Thematic Origins*. Também in Einstein, *Collected Papers*, vol. 2, p. 284.

(²³) Carta de Alfred Bucherer para Einstein, de 7 de Setembro de 1908, *Collected Papers*, vol. 5, p. 83.

(²⁴) Christa Jungnickel e Russell McCormmach, *Intellectual Mastery of Nature, Theoretical Physics from Ohm to Einstein, Volume 2, The Now Mighty Theoretical Physics 1870-1925* (University of Chicago Press, 1986), p. 323.

(²⁵) Ver Stanley Goldberg, *Understanding Relativity* (Birkhäuser, 1984).

(²⁶) L. Pearce Williams, org., *Relativity Theory: Its Origins & Impact on Modern Thought* (John Wiley & Sons, 1968), p. 120.

(²⁷) Pais, *"Subtle is the Lord"*, p. 316.

(²⁸) Williams, *Relativity Theory*, p. 129.

(²⁹) Max Laue, *Das Relativitätsprinzip* (Friedrich Vieweg & Sons), 1911.

(^{30}) Jungnickel e McCormmach, *Intellectual Mastery of Nature,* p. 309.

(^{31}) *Ibid.*, p. 297.

(^{32}) Robert Marc Friedman, *The Politics of Excellence: Behind the Nobel Prize in Science* (Henry Holt & Company, 2001), p.133.

(^{33}) Pais, *"Subtle is the Lord"*, p. 166-167.

Setembro
A Equação Mais Famosa

(^{1}) Albert Einstein, *The Collected Papers of Albert Einstein, Volume 5, The Swiss Years: Correspondence 1902-1914,* trad. Anna Beck (Princeton University Press, 1995), p. 21.

(^{2}) Einstein, *Collected Papers*, vol. 2, p. 172.

(^{3}) Apenas seis meses antes, no seu artigo de Março, Einstein defendeu um modelo corpuscular para a luz. Aqui refere-se a ondas de luz. Em 1909, muito antes de a luz ter adquirido uma natureza dual – partícula e onda – devido às implicações da mecânica quântica, Einstein tratou a luz em termos dualistas.

(^{4}) Einstein, *Collected Papers,* vol. 2, p. 174. Nesta citação, Einstein usou a letra L, em vez de E, para simbolizar energia, e a letra V em vez de c para representar a velocidade da luz.

(^{5}) *Ibid.*

(^{6}) As unidades para massa e energia são incompatíveis: um joule não pode ser combinado com um quilograma. No entanto, quando a massa em quilogramas é multiplicada pela velocidade ao quadrado, ou seja por (metros/segundo)^2, o produto kg m^2/s^2 iguala as unidades de energia, joules. Neste sentido, c^2 é um factor de conversão.

(^{7}) *The Quotable Einstein*, org. Alice Calaprice (Princeton University Press, 1996), p. 183.

(^{8}) *Ibid.*, p. 286-287.

(^{9}) *Ibid.*, p .288.

(^{10}) Foi uma maravilhosa conversa de Frank Wilczek que me levou a pensar em fazer da massa o tema da equação de Einstein.

Epílogo
Para Além de 1905

([1]) A família de Einstein juntou-se-lhe um pouco mais tarde, mas pouco depois, Einstein e a mulher, Mileva, separaram-se e ela voltou para Zurique.

([2]) Albert Einstein, *The Collected Papers of Albert Einstein, Volume 2, The Swiss Years: Writings, 1900-1909*, trad. Anna Beck (Princeton University Press, 1989), p. 379.

([3]) *Ibid.*, p. 386.

([4]) Comunicação de Einstein em Quioto, Dezembro de 1922. Citado em J. Ishiwara, *Einstein Koen–Roku* (Tóquio-Tosho, 1977). Também citado em Abraham Pais, *"Subtle is the Lord": The Science and the Life of Albert Einstein* (Oxford University Press, 1982), p. 179.

([5]) Carta de Einstein a Arnold Sommerfeld, de 29 de Outubro de 1912, in *Collected Papers*, vol. 5 (Princeton University Press, 1995), p. 324.

([6]) A teoria geral foi publicada pela primeira vez como A. Einstein, "O Fundamento da Teoria Geral da Relatividade", *Annalen der Physik*, 49 (1916).

([7]) Albert Einstein, *Essays in Science*, Philosophical Library, 1934, p. 48. Citado em Julian Schwinger, *Einstein's Legacy: The Unity of Space and Time* (Scientific American Library, 1986), p. 238.

([8]) Esse desvio para o vermelho, chamado desvio gravitacional, é diferente do desvio para o vermelho que se vê na luz de galáxias distantes. A luz das galáxias tem um desvio para o vermelho porque elas estão a afastar-se dos observadores na Terra. Esse movimento de afastamento em relação ao observador empurra efectivamente as cristas para um pouco mais longe, e portanto desloca a luz para a extremidade vermelha do espectro visível.

([9]) Carta de Einstein a Michelle Besso, 13 de Maio de 1911, in *Collected Papers*, vol. 5 (Princeton University Press, 1995), p. 187.

([10]) Publicado como A. Einstein, "The Quantum Theory of Radiation", *Physikalische Zeitschrift* 18 (1917).

([11]) Ver Henry A. Boorse e Lloyd Motz, orgs., *The World of the Atom*, vol. 2 (Basic Books, 1966), p. 888. O artigo completo de Einstein, de 1917, aparece aqui traduzido.

([12]) *Ibid.*, p. 889.

(^{13}) Charles H. Townes, *How the Laser Happened: Adventures of a Scientist* (Oxford University Press, 1999), p. 13.

(^{14}) Ver Boorse e Motz, orgs., *The World of the Atom*, vol. 2, p. 901.

(^{15}) A. Einstein, "Quantum Theory of Single Atom Ideal Gases", *Sitzungsberichte der Preussischen Akademie der Wissenschaften zu Berlin,* 1924 e 1925.

(^{16}) Citado em Pais, *"Subtle is the Lord"* , p. 430.

(^{17}) Albert Einstein, Boris Podolsky, e Nathan Rosen, "Can Quantum--Mechanical Description of Physical Reality Be Considered Complete?", *Physical Review* 47 (1935).

(^{18}) Léon Rosenfeld, "Niels Bohr in the Thirties: Consolidation and the Extension of the Conception of Complimentarity," in S. Rozental, org., *Niels Bohr: His Life and Work as Seen by His Friends and Colleagues* (John Wiley & Sons, 1967), pp. 114-136, citação nas pp. 127-128.

(^{19}) *Ibid.*, p. 137.

(^{20}) Albert Einstein, "Autobiographical Notes", in *Albert Einstein: Philosopher-Scientist*, ed. Paul Arthur Schilpp (Harper & Brothers, 1959), p. 85.

(^{21}) Helen Gardner, *Art Through the Ages,* 7ª ed., revista por Horst De La Croix e Richard G. Tansey (Harcourt Brace Jovanovich, 1980), p. 782.

(^{22}) Stephen Hawking, "A Brief History of Relativity," *Time*, vol. 154, no. 27, 31 de Dezembro de 1999, p. 81.

(^{23}) Jacob Bronowski, *The Ascent of Man* (Little Brown, 1973), p. 256.

(^{24}) *Ibid.*, p. 254.

Leitura Adicional

CALAPRICE, A., org., *The Expanded Quotable Einstein*, Princeton University Press, 2000.
Einstein sabia como usar as palavras e estas muitas citações são memoráveis.

FRENCH, A. P., org., *Einstein: A Centenary Volume*. Harvard University Press, 1979.
Uma excelente compilação de artigos que celebra o 100º aniversário do nascimento de Einstein.

GREENE, Brian. *The Elegant Universe: Superstrings, Hidden Dimensions, and the Quest for the Ultimate Theory*. W.W. Norton, 1999.
Greene é um excelente escritor e também um participante activo a dar forma à fronteira da física sobre a qual escreve. Os artigos de 1905 de Einstein são parte integrante do universo elegante que Greene discute.

HOFFMANN, Benesh, em colaboração com Helen Dukas. *Albert Einstein: Creator and Rebel*. Viking, 1972.
Hoffmann trabalhou com Einstein durante três anos no Institute for Advanced Study em Princeton, em Nova Jérsia. Helen Dukas foi durante muito tempo assistente e secretária de Einstein. De leitura agradável.

HOLTON, Gerald. *Einstein, History and Other Passions: The Rebellion against Science at the End of the Twentieth Century*. Harvard University Press, 2000.
Recomenda-se vivamente a leitura deste livro. Holton escreveu minuciosamente sobre Einstein. A primeira parte do livro, "Learning from Einstein", atesta a percepção de Holton.

KRAGH, Helge. *Quantum Generations: A History of Physics in the Twentieth Century*. Princeton University Press, 1999.
Kragh, um destacado historiador da física, conduz os leitores através de alguns dos desenvolvimentos mais significativos da física do século XX.

MILLER, Arthur I. *Einstein, Picasso: Space, Time and the Beauty that Causes Havoc*. Basic Books, 2001.
Miller é um estudioso de Einstein e este é um livro que vale a pena.

PAIS, Abraham. *"Subtle is the Lord": The Science and Life of Albert Einstein*. Oxford, 1982.
Como o título sugere, Pais reúne a ciência de Einstein, incluindo muitas equações, e a sua vida. É uma biografia científica muito conceituada.

STACHEL, John, org. *Einstein's Miraculous Year: Five Papers that Changed the Face of Physics*. Princeton University Press, 1998.
Para os que gostariam de ler os artigos de 1905 de Einstein (traduzidos em inglês), este é o livro certo.

THORNE, Kip. *Black Holes & Time Warps: Einstein's Outrageous Legacy*. W.W. Norton & Company, 1994.
Um livro maravilhoso.

Agradecimentos

Este livro podia nunca ter existido. Embora eu tivesse a ideia de escrever um livro que se centrasse exclusivamente no ano incrivelmente produtivo de Einstein, foram os meus contactos com Michael Fisher da Harvard University Press que me convenceram de que valia a pena escrevê-lo. E por isso, este livro existe. Agradeço a Michael Fisher pelo seu interesse e encorajamento. Agradeço também a Kate Brick e outros na Harvard University Press pelo seu apoio e a atenção que dedicaram a este livro.

Um dos revisores a quem Michael Fisher enviou o manuscrito original fez um maravilhoso trabalho lendo-o cuidadosamente. Agradeço a esse revisor por ter visto pequenas coisas e outras não tão pequenas que pediam a minha atenção.

Agradeço também a Albert Einstein. Foi para mim um privilégio ver muitos dos grandes físicos do século XX em acção. Mas, infelizmente, não conheci nem vi Einstein. Contudo, ao escrever este livro aprendi imenso sobre o seu trabalho de 1905 e acabei por me sentir, de forma invulgar, próximo deste grande físico. Portanto, se ele estiver algures pensando ainda nas suas partículas de luz, quero agradecer-lhe pelos seus incríveis artigos de 1905 e pelo modo belo como desenvolveu a sua física.

Finalmente, agradeço ao meu único crítico que lê e relê tudo o que escrevo. Não é uma cientista. Vem do coração das humanidades – a literatura. Representa o público para quem escrevo e a sua crítica é indispensável. Se ela estiver confusa com um parágrafo é porque alguma coisa está errada nesse parágrafo. É a minha mulher, Diana, e um obrigado para ela é só uma fraca expressão da minha profunda gratidão.

Índice Remissivo

Academia de Ciências da Prússia, 48, 137
Academia sueca, 110
Acontecimentos simultâneos, 99, 101
Aldebaran, 36
American Journal of Physics, 108
American Physical Society, 109
Animálculos, 71
Aniquilação e criação, 131
Annalen der Physik, 18, 31, 51, 53, 63, 64, 67, 85, 106, 108, 135, 137
Antiatomistas, 58-59
Antimatéria, 111, 131
Antipartícula, 131
Artigo de Einstein-Podolsky-Rosen, 153-155
Ascent of Man, 158
Aspect, Alain, 155
Atomismo, 57-58, 79-80. *Ver também* Antiatomistas
Átomos, 57-59, 70, 73-74; comportamento médio dos, 72-73; flutuação estatística dos, 72-73
Avogadro, número de, 62-63, 78

Bancelin, Jacques, 64
Becquerel, Henri, 120
Beethoven, Ludwig van, 156
Bell, John S., 154
Berthelot, Marcellin, 58
Besso, Michele, 24, 49, 51, 55, 59, 95, 106, 107, 113, 150
Big bang, 130-132, 148-149
Bohr, Niels, 17, 25, 49, 110, 158; rejeita os fotões, 49
Boltzmann, Ludwig, 43, 73, 81
Born, Max, 81
Bose, Satyendranath, 152

Bosões, 152-153
Bronowski, Jacob, 27, 158
Brown, Robert, 71
Bucherer, Alfred, 107
Buracos negros, 148
Burro de Buridan, 23

California Institute of Technology, 32
Calor, teoria cinética do, 74
Calor, teoria cinético-molecular do, 17, 67, 69, 76-77
Causalidade, 105
Clauser, John, 155
Comité Nobel para a Física, 110-111
Comprimento, natureza relativa do, 103
Compton, Arthur, 50; verifica a luz como quanta, 50
Condensado de Bose-Einstein, 135, 152-154
Constante de Boltzmann, 78. 118
Constante de Planck, 39, 44-45, 118
Continuidade, 23, 34-35, 38-46, 60-61, 70, 119-120
Cornell, Eric, 153,154
Curie, Marie, 125

Dalton, John, 58
Degas, Edgar, 156
Demócrito, 57
Descontinuidade, 22, 34, 38-40, 43, 46-47, 60-61, 70, 119-120
Desvio para o vermelho gravitacional, 148-149, 168
Desvio para o vermelho. *Ver* Desvio para o vermelho gravitacional
Deus, 21, 23, 120, 125, 158
Difracção, 40
Difusão, 60-63, 76-78

Dirac, Paul, 25, 88, 111, 152
Drude, Paul, 63
Dualidade onda-partícula, 37. *Ver também* Dualismo
Dualismo, 27. *Ver também* Luz, natureza dual da
Dukas, Helen, 28

$E = mc^2$, 18, 117-133
Eddington, Arthur, 20, 108, 110
Efeito de Doppler, 111
Efeito fotoeléctrico, 45-51, 110-111, 119-123
Efeito Thompson, 55-56
Einstein, Albert: abandona o objectivo do doutoramento, 55; abordagem à física, 39; artigos de 1905, 139; autoconfiança de, 22; autodescrição de, 26-27;em Berlim, 26; citações de artigos de outros físicos, 71; citações dos seus artigos, 64-65; como estudante, 28; como funcionário no serviço de patentes, 23; compara a relatividade especial e geral, 19; e concepção da teoria Browniana do movimento, 76-77; e continuidade e descontinuidade, 39-40, 42; e contradições, 141-142; crença nos átomos, 71-72; desafia a ortodoxia, 33; tese de, 55, 57, 59; e a dualidade onda-partícula, 141; eleito para a Academia Prussiana de Ciências, 137; estilo de trabalho de, 22, 24; estilo de vida de, 25-26; e éter, 38; e flutuações estatísticas, 71-72; ganha o Prémio Nobel, 109-111; grandes artigos de, 143; inspiração chave para a relatividade, 95-96; e mecânica quântica, 25, 138-140; morte de, 16; pessoa do século, 15; primeiro lugar na faculdade, 137; posições académicas, 137-138; princípios orientadores da investigação, 141-142; propõe fotões, 36-37; fotões, 44-45; fotões aceites, 50; reacção aos dados de Kaufmann, 107; reacção à experiência de Eddington, 23; reacção ao quantum de Planck, 39 ; reacção a teorias concorrentes, 107-108; realista, 138-139; reconhece a sua própria capacidade na física, 22-23; referências a Deus, 20-23; sobre as teorias físicas, 87-88; visão heurística da luz, 40-41; torna-se uma celebridade, 20
Einstein, Maja, 56, 106
Einstein, Mileva, 95-96. *Ver também* Marić, Mileva
Electrão, 89, 132, 138, 152-153; descoberta do, 138
Electricidade, 37
Electrodinâmica de Maxwell, 97-98
Electrodinâmica quântica (EDQ), 50-51
Electrodinâmica, 17, 85, 105, 112, 120, 125
Electromagnetismo de Maxwell, 89
Electromagnetismo, 16, 35, 88, 98, 106, 118, 142
Emaranhamento, 154
Emissão da luz, processo de, 123-124
Emissão estimulada, 151
Energia: cinética, 122-126; eléctrica, 126; electromagnética, 126; geotérmica, 126; e massa, 126-127; potencial, 126; química, 126; térmica, 126
Entropia, 42, 72-73, 81, 118; e probabilidade, 42
Equação de Planck, 118
Equações de Maxwell, 37, 47-48, 118, 120
Equações de transformação de Lorentz, 94, 102-103, 106
Espaço: absoluto, 105; distorcido, 148; vazio do, 34
Estatísticas de Bose-Einstein, 135, 152-153
Estatísticas de Fermi-Dirac, 152
Estrelas de neutrões, 148-149
Éter, meio para a luz, 37-38, 88-94, 98, 108, 112, 119

Índice Remissivo

Experiência de Michelson-Morley, 89, 92-94, 102
Experiência de Pound-Rebka, 148

Factor de conversão, 127
Faraday, Michael, 37; campos contínuos, 37
Federal Institute of Technology, 28, 137
Feira Mundial de St. Louis, 95
Fermi, Enrico, 152
Fermiões, 152-153
Física estatística, 18, 73-74
Física: de Galileu, 92; newtoniana, 91-92, 105, 148; nuclear, 128-129; teorias da, 87-89
Fissão nuclear, 130
FitzGerald, George F., 94
Flutuações estatísticas, 72-76, 141; e atomismo, 71-72; como observável, 72; e movimento browniano, 76; e movimento das partículas de pólen, 76; e partículas de pólen, 76
Fotão, 50, 131, 151, 153-154
Francisco José, Imperador da Áustria, 137
Freedman, Stuart, 155
Fusão solar, 130

Galileu, 20, 92, 95, 117
Gibbs, J. Willard, 73
Gluão, 152
Gravidade, 34-37
Gravitação, 16-20, 73; e aceleração, 143; newtoniana, 73; zero e queda livre, 145
Gustavo V, 111
Guta, partículas de, 80

Habicht, Conrad, 17, 34, 105, 120
Hardy, G.H., 24
Hawking, Stephen, 157
Haydn, Franz Joseph, 156
Heisenberg, Werner, 17, 25, 87
Hertz, Heinrich, 37, 45; e efeito fotoeléctrico, 45; e ondas electromagnéticas, 37

Hidrodinâmica, 56
Hopf, Ludwig, 64

Impressionismo, 155-156
Inércia, 115
Institute for Advanced Study (Princeton), 68
Instituto Físico Kaiser Guilherme, 137
Interferência, 40
Ionização gasosa, 45

Kaufmann, Walter, 106, 107, 108
Kleiner, Alfred, 56, 57

Ladenburg, Rudolf, 26
Laser, 151
Laue, Max, 34, 109; sobre os fotões de Einstein, 34
Lei de Planck, 150-152
Leis da Natureza, simplicidade das, 117
Lenard, Philip, 109
Leucipo, 57
Lewis, Gilbert N., 50; e o fotão, 50
Localidade, 154-155
Localização, significado relativo de, 90-91
Lorentz, Hendrik A., 94, 102, 103, 106, 107, 112
Lorentz-FitsGerald, contracção de comprimento de, 94
Lorenz, Richard, 79
Luz: absorção da, 40; como quanta, 33, 108; constância da, 102; difracção, 36-37, 40; emissão de, 40; interferência, 36, 40; natureza dual da, 141, (*ver também* dualismo); propriedades da, 17; radiação electromagnética, 33, 48-49; teoria corpuscular da, 22, 33-51, 59, 107, 110-113, 120, 123, 140, 152; teoria ondulatória da, 22, 33-51, 88-90, 123, 140, 142; teoria quântica da, 140, 150; velocidade da, 91-93, 98, 103- 104, 126-127

Mach, Ernst, 58, 59, 82, 83
Magnetismo, 37
Manet, Edouard, 157
Maric, Mileva. *Ver também* Einstein, Mileva
MASER, 151
Massa e energia, 126-128
Mástique, partículas de, 64, 80, 81
Matéria, natureza corpuscular da, 21-22
Maxwell, James Clerk, 35, 37, 39, 48, 89, 97, 118, 120, 142, 162
Mecânica newtoniana, 88-89, 91-92, 98, 118
Mecânica quântica, 16, 18, 20-21, 24-25, 50, 87, 111-113, 118, 138-141, 152-154
Medalha Planck, 54
Michelson, Albert A., 93, 94, 102
Miller, Arthur, 97
Millikan, Robert A., 32, 48, 49, 110; rejeita os fotões, 48
Modelo de Bohr, 150-151
Moléculas, 59-61
Monet, Claude, 155, 156, 157
Morley, Edward W., 93, 94, 102
Movimento Browniano, 17-18, 58, 63-65, 69-82, 87, 118-120, 141; e atomismo, 70, 74-80-82; directiva de Einstein para o experimentalismo, 79-81; natureza física do, 71; resultado teórico de Einstein, 78-79
Movimento inercial, 91-92
Mozart, Wolfgang Amadeus, 155, 156, 157

National Institute of Standards and Technology, 153
Nernst, Walther, 137
Newton, Isaac, 2, 15, 19, 20, 35, 36, 38, 40, 73, 89, 91, 92, 95, 97, 102, 128, 141, 147, 148, 150, 158; sobre a luz, 35-36
Newton, Primeira Lei do Movimento de, 91-92
Newton, Segunda Lei do Movimento de, 118

Nordmann, Charles, 26
Número de Avogadro, 62-63, 78

Ondas electromagnéticas, 46, 141
Ondas gravitacionais, 149
Óptica, 36-37, 98
Oseen, Carl Wilhelm, 110
Ostwald, Wilhelm, 58, 82
Pais, Abraham, 27
Palazzo da Mula, 155-156
Partículas, 132, 138
Pauli, Wolfgang, 25
Perrin, Jean-Baptiste, 64, 80, 81
Philosophical Magazine, 152
Physical Review, 135
Physikalische Zeitschrift, 135
Pião, 152
Pioneer 10, 36, 38
Planck, Max, 2, 38, 47, 108, 109, 129, 137, 138, 150; introduz a ideia do quantum, 38-39; sobre os fotões, 47-48; rejeita os fotões, 47-48
Podolsky, Boris, 135, 153, 154
Poincaré, Henri, 21, 24, 58, 81, 95, 106, 119, 157
Politécnico de Zurique, 56
Positivismo, 57-59
Positrão, 131
Pound, Robert V., 148
Precht, J., 129
Prémio Nobel, 49, 58, 81, 109-110, 111
Pressão osmótica, 76-77
Primeira Conferência de Solvay, 81
Primeira Guerra Mundial, 20, 27
Príncipe, (eclipse de 1919), 20
Principia, 97
Princípio da Constância da Velocidade da Luz, O, 98
Princípio da Relatividade, O, 98
Princípio de Boltzmann, 43, 81, 118
Princípio de equivalência, 143-145, 147
Processos electromagnéticos, 39
Protão, 152

Índice Remissivo

Quantum, 33, 38-19, 55, 89, 137; proposto, 137-139
Quarks, 152

Rabi, I. I., 21
Radiação, 17, 125, 138, 150; do corpo negro, 38-40, 150, 152; electromagnética, 33; teoria quântica da, 150-152
Rádio, 120-121, 125, 129, 130
Radioactividade, 89, 120-121, 137-138; descoberta da, 137-138
Raios Gama, 50
Raios X, 138-139, 50, 89; descoberta dos, 138
Rayleigh, Lorde, 94
Rebka, Glen, 148
Regra de Stokes, 45, 50
Relatividade, 118; como superteoria, 111; impacte da, 111-112; princípio da, 91-92, 94, 98, 102, 109, 121, 123-125; teoria da, 23, 56, 65, 103-104, 107, 113, 123, 128, 141; teoria especial da, 18-20, 87-113, 119, 121,126-127, 141-142, 146-147, 150, 155-157; teoria geral da, 18-20, 86-88, 108, 110, 112, 146-150
Relativitätsprinzip, Das, 109
Renoir, Auguste, 156
Repouso absoluto, 91-92, 98
Ressoadores de Planck, 41
Roosevelt, Franklin Delano, 130
Rosen, Nathan, 135, 153
Rosenfeld, Léon, 144, 145, 154, 155
Royal Astronomical Society, 6
Royal Society, 20
Russell, Bertrand, 34, 35

Schrödinger, Erwin, 25, 154
Science et l'Hypothèse, 21
Seelig, Carl, 57
Segunda Lei da Termodinâmica, 42, 73
Serviço de patentes, 18-20, 23-24, 28, 70, 137, 145

Simultaneidade, 102, 105
Sistema de coordenadas, 90; sistema de coordenadas inercial, 90-92, 103, 147
Sitzungberichte der Preussischen Akademie der Wissenschaften zu Berlin, 135
Snow, C. P., 24
Sommerfeld, Arnold, 19, 109, 146, 146
Stark, Johannes, 23, 109
Szilard, Leo, 158

Telescópio Espacial Hubble, 131
Tempo: absoluto, 105; conceito de, 99; natureza relativa do, 101-104
Teoria atómica, 58-59, 64, 72, 81, 83
Teoria da partícula, 140-141
Teoria de Fresnel, 93-94
Teoria especial da relatividade. *Ver* Relatividade, teoria especial da
Teoria quântica dos campos, 50-51
Termodinâmica, 70, 72-75, 78-79, 81-82, 88, 118, 139-140, 151; validade da, 70, 72-75
Termodinâmica, Segunda Lei da. *Ver* Segunda Lei da Termodinâmica
Townes, Charles H., 151

Universidade de Berlim, 26, 137
Universidade de Dacca, 152
Universidade de Praga, 110
Universidade de Princeton, 26, 68
Universidade de Washington, 50
Universidade de Zurique, 55
Universidade Karl-Ferdinand, 137
Urânio, 130

Van't Hoff, Jacobus Hendricus, 58
Viscosidade, 60-63, 76-77

Weber, Heinrich, 55
Weiman, Carl, 153

Young, Thomas, 36; sobre a luz, 36

Zauberflöte, Die, 155-156
Zeitschrift fur Physik, 152

Nesta colecção

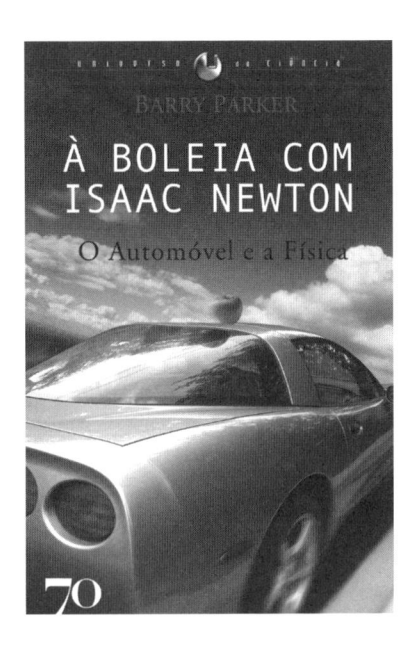

Se para uns a condução é uma arte, para outros é uma ciência. Por isso, nesta obra Barry Parker explica-nos quais os conceitos da Física envolvidos no funcionamento dos carros: da aceleração à travagem, do motor de combustão interna ao sistema eléctrico, culminando na teoria do caos aplicada aos sistemas de controlo de trânsito. Uma volta fascinante pelo mundo da Física aplicado aos automóveis.

Desde há milhares de anos que a temperatura do planeta tem vindo lenta mas gradualmente a aumentar, embora esta progressão seja ocasionalmente interrompida por ciclos de arrefecimento do globo, num delicado equilíbrio. Assim tem sido nos últimos 15 000 anos.

Arqueólogo de formação, Brian Fagan conta-nos de que forma esta evolução climática do planeta condicionou as populações ao longo dos tempos – citando diversos exemplos –, e de que forma estas reagiram e se reajustaram.

Contudo, a nossa actual civilização está a começar a influir de forma mais drástica no equilíbrio climatérico, pelas suas emissões de carbono, pela produção de gases de efeito de estufa e pela alteração radical de vários habitats e ecossistemas.